もう悩まない！

不登校・ひきこもりの9割は解決できる

花まる学習会
高濱正伸

一般社団法人
不登校・引き
杉浦

実務教育出版

私はユリコ！
都内に住む子育て中のママ
夫はM大卒で
広告代理店勤務
二人の子どもにも
恵まれて
幸せな日々♡

長男のタクヤは
英語で保育をする幼稚園に通って
小さいころから英語がペラペラ♪
A
B
しかも、日本語より
英語のほうが得意かも
Car!
習いごとのサッカーでも大活躍!
運動神経も抜群!
きゃー
タクヤやったあ!
幼児学習塾でも成績優秀で、
どんどん勉強が進んで
幼稚園生でももう小5の算数を
先取り学習!
100
将来が楽しみ!

ある日のカフェ
ママ友
タクヤくんって中学受験するの?
まだ考えてないけど
SAP○Xとか早稲○カとか、人気の塾は中学受験の勉強がスタートする小3の2月だともういっぱいで入れないらしいよ
そうなの!?
やっぱり人気の塾のほうが安心だし
うちは小1から、スタートすることにしたわ
小1…
タクヤくん優秀だし受験したら?きっといい大学に入れるわよ
……

ねえ、パパ
タクヤに中学受験をさせようと思うんだけどどう思う？
んー…
公立でもいい気がするけど子どものことはユリコのほうがよくわかっているし任せるよ
…
私がしっかりしなきゃ
タクヤは勉強できるんだし
有名女子大卒優秀だったユリコ
がんばるよタクヤ!!
△△中学合格！
その後

△△中学校
合格可能性
30%
あと
もっとがんばらないと合格できないよ
あと22点取れれば合格できるはず！
間違えた問題ママがコピーしたでしょ？ちゃんとやったの？
どっさり
トモヤ君は80%だったらしいよ タクヤ、負けちゃだめよ
……
問題

4月　入学式
〇〇中学校
入学式
第一志望はダメだったけど
大学受験でリベンジするよ
大学受験向けの塾に
通わなくちゃね
ズキ…
GW明け
おなかが痛いの？
うん…
そっか
仕方ないね
今日は学校休もうか
学校に連絡
しなきゃー
それからタクヤは
学校を休みがちに

なんでうちの子が不登校に？
このままだとひきこもり？
もう一か月経つ…
タクヤは勉強もスポーツもできるのに！
ひきこもりっておとなしい子とか暗い子がなるんじゃないの？
どうしたらいいの？
誰か助けて！
大丈夫ですよ！
私たちと一緒に考えていきましょう！
杉浦《すぎうら》先生
高濱《たかはま》先生

不登校10年連続過去最多、小中学生で約30万人

※不登校生徒（中学校）の割合5.98%
（17人に1人）

中学生の場合
おおよそ1クラス
に2人の
不登校生徒
がいる

不登校はどの子にも起こりうる

✳ 活発で、スポーツもできて、勉強もできて、人気もあって……

↓

不登校になる可能性はどんな子にもある

「9060《きゅうまるろくまる》問題」を知っていますか？

＊90代の親が60代のひきこもりの子どもの面倒をみなければならない状況のこと

増加する一方のひきこもり

✳ 15歳から64歳までの146万人（50人に1人）がひきこもり状態

✳ 下の4つの状態のうち、いずれかが6か月以上続いている
=広義のひきこもり

- ふだんは家にいるが、自分の趣味などの用事のときにだけ外出する
- ふだんは家にいるが、近くのコンビニなどには出かける
- 自分の部屋からは出るが、家からは出ない
- 自分の部屋からほとんど出ない

✳20 歳ぐらいまでなら、いくらでも
やり直せる方法がある！

たかはま　冒頭のマンガで描かれている不登校、よくあるパターンですよね。私は学習塾「花まる学習会」を約30年前の1993年に創って、たくさんの親子を指導してきましたけど、こういう親の態度が子どもに悪影響を与えているケースをいくつも見てきました。子どもをすぐにほかの子と比較して、「あと偏差値が5上がったら、○○中に行ける」とかやっている。

すぎうら　そうですね。私はNPO法人高卒支援会を創設して、不登校やひきこもりの相談に乗り、これまで1万人以上を立ち直らせてきました。現在は後進に高卒支援会を任せて、一般社団法人不登校・引きこもり予防協会の代表理事として、高卒支援会に寄せられる相談のなかでも難しいケースの相談に当たっています。

一方で、プライベートでは娘二人を育てあげ、今では娘夫婦と同居して、孫の面倒もみています。39年間、公私にわたって子どもたちに接して、指導してきました。その経

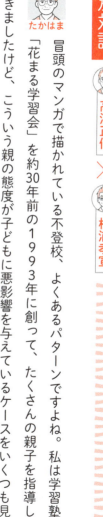

験のなかで気がかりなのは、やはり、相談に来る不登校やひきこもりの子の9割が、中学受験をしているということです。東京という地域性もあるかもしれませんが、このマンガは典型的なパターンです。

ところで、高濱先生はいつごろから不登校やひきこもりの問題を意識していたのですか。

たかはま

もう30年以上前からです。当時、大学受験生を教えていて、そのときに、ひきこもりが日本中にたくさんいることに気がついたのです。

花まる学習会が事務所を構えたビルに、たまたま精神科クリニックがあった縁で、子どものひきこもりや家庭内暴力の相談をいくつか受けていました。

私たちが、あるひきこもりの子の家を訪問して、外に出て学校に行くなり仕事をするなりしようと説得すると、「あ、はい。わかりました」と、おとなしく従順な反応をするのです。でも、私たちが帰ると、「なんであんなのを呼んだんだーっ！」と、親に暴力をふるうのです。

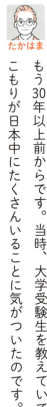

同じころ、複数の医師たちから日本はひきこもりが急増している国になっていると聞いて、これは大学合格どころじゃない、日本の受験教育システムでは、不登校やひきこもりを量産してしまうと危機感を覚えました。大人になって仕事に就けない人生になっちゃったら、これ以上つらい人生はないわけです。いろいろ調べたけれど、誰も何も手を打っていない。

そこで、根本的に子どもの生命力をアップさせなくてはと考えて、「メシが食える大人に育てる」ことを理念に創ったのが、花まる学習会です。

だから、不登校やひきこもりにさせない教育をめざすということが私の原点で、ずっとそこに問題意識がありました。

すぎうら

私も39年前に、中卒で高校浪人した生徒の面倒をみたのがきっかけで、以来、不登校やひきこもり、高校を中退した生徒たちに高卒の資格を取れるように、指導してきました。

たかはま

学校も行っていない、仕事もしていない若者、いわゆるニートを集めた塾みたいな感じですね。

すぎうら

はい。当時、昼間から預かってくれる塾は珍しかったのです。私はアメリカの大学を卒業して帰国したばかりで、家庭教師をしていました。団塊ジュニア世代が激しい受験戦争をしていた時代です。受験を苦に自殺する人もいる時代でした。

そんなときたまたま、中学を卒業したけど、高校に入学できなかった中卒浪人生を教えることになりました。朝から午後3時ごろまで指導して、翌年公立高校に合格させたのです。とても感謝されて、NHKや新聞社からも取材が来ました。

その経験がきっかけになって、その後、高卒支援会というNPO法人を立ち上げ、高校を中退した生徒たちが高校卒業資格を得られるように指導してきました。

当時はツッパリとか不良みたいな生徒が多かったのですが、今はほとんどが中学受験を経て私立の進学校に行ったものの、不登校や成績不振になって中退した子です。9割の子が昼夜逆転した、ゲーム三昧《ざんまい》の状態で相談に来ます。

たかはま　不登校・ひきこもりの数は増えていますね。文部科学省の令和4年度の調査では、小中学生の約30万人が不登校で、前年から20％以上も増えている。まさに急増です。

すぎうら　ええ。新型コロナウイルス感染症が流行になってすぐ、全国一斉休校があったときに、このままでは不登校・ひきこもりが急増すると確信して、『不登校・ひきこもり急増　コロナショックの支援の現場から』（光文社新書）を緊急出版しましたが、まさにそのとおりになりました。

4年経った今でもコロナの影響はまだ続いています。じわじわとその余波が続いているのです。

2020年に生まれた子どもは今、4歳になりましたが、幼いころに外に出ちゃいけないと育てられたので、芝生の上に足をのせただけで泣き出します。

小学生のときにコロナで修学旅行に行けなかった世代の子たちは、コロナが終わって中学生になっても、経験がないので修学旅行に行くのを渋る子が増えているのです。
コロナ世代の子どもはひきこもりになる可能性が高いのです。

不登校対策として各自治体の教育支援センター（適応指導教室）がありますが、実際に利用しているのは約10％です。約90％はどこにも通えていません。学校に行けないのに、箱だけ用意しても子どもが行けるわけがありません。

つまり、不登校・ひきこもりになっても、日本では誰も救ってくれない状況になっているのです。それを放置していたら８０５０《はちまるごうまる》問題、９０６０《きゅうまるろくまる》問題（それぞれ80代、90代の親が50代、60代のひきこもりの子の面倒をみなければならない状態のこと）に発展してしまいます。

でも、不登校やひきこもりになったとしても、そんなに悲観する必要はありません。やり方次第で、いくらでも立ち直れるのです。

たかはま

それが杉浦先生の提唱している3ステップで立ち直る方法ですね。

すぎうら

はい。「子どもたちが規則正しい生活をし、自信を持ち自律し、社会に貢献する未来を実現します」という教育理念で、指導しています。

子どもが不登校になると、多くの親は家庭教師をつけたりして、学力をつけさせようとするのですが、一番大事で真っ先にやらなければならないのは、規則正しい生活習慣を身につけることなのです。

たかはま

同感です。私もお母さんやお父さんたちに、生活習慣を固めておかないと、後々大変なことになるとずっと言ってきました。でもお母さんたちは「土曜日くらい、いいじゃないですか」と土日や夏休みは寝坊してもいいと思っている。

しかし、夏休みに寝坊を続けていると、2学期から不登校になってしまうことがよくある。

すぎうら

そのとおりです。不登校でも生活習慣が崩れていなければ、自分から学校に戻っていくこともあります。けれど、昼夜逆転していると、立ち直るのは難しいのです。

だから最初にやることが、規則正しい生活に直すことです。順番が大事なのです。

たかはま

数十年孤軍奮闘してきたので、そのようなお話を聞けると、心強いです。親になって10年くらいの大人が思っているより何倍も、早起きは重要です。教育現場を知る人はみんなわかっています。百ます計算で有名な教育者の陰山英男《かげやまひでお》さんも「早寝早起き朝ごはん」と言っていますよね。

すぎうら

それなのに、今は社会全体が夜型になっていて、塾に遅くまで通ったり、夜中までゲーム三昧だったりします。そのツケが子どもの不登校やひきこもりになっているのです。

年間約450件の相談を受けていますが、その9割に、昼夜逆転とゲーム漬けが見られます。つまり言い換えれば、昼夜逆転とゲーム漬けを防げば、不登校は9割予防できるといえるのです。

私はこの仕事を39年間やってきましたが、不登校やひきこもりから立ち直る方法を編み出したのは、実は私自身の経験からなのです。

たかはま

杉浦先生ご自身が不登校だったのですね。

すぎうら

そうなんです。私は東京の豊島区池袋で生まれ育ったのですが、体が弱く、アレルギー性鼻炎の持病がありました。当時は体罰も当たり前の時代です。先生は長い棒や竹刀《しない》をいつも手に持っていて、ちょっと横を向いたりおしゃべりをしたりすると、ボンッて叩《たた》かれる。鼻水が垂れてくるから、本当はティッシュを出して鼻をかみたいのに、私は気が弱いから、先生が怖くてできない。

それで、小学3年生から保健室に入り浸るようになりました。保健室に行けば鼻をかみ放題です。居心地がよかった。今でいう保健室登校です。当時は不登校や登校拒否という言葉もなく、根性がないと言われました。保健室登校していたのは、その小学校で私一人だけでした。

そのうち、虚弱児と判断されて、豊島区が千葉県に持っている全寮制の養護学校に転校させられたのです。養護学校では、朝6時に起床、夜10時に消灯です。朝は乾布摩擦から始まり、午前中は海や川、山に行って、トンボやカエルを捕まえるなどいろいろな課外活動をして体を鍛えます。午後になるとようやく勉強です。

当時、私は小学4年生でしたが、保健室にばかりいたので授業もわからなくなっていました。小学校では1クラス50人くらいでしたが、養護学校では1クラス20人くらいの少人数で個別指導でした。

先生たちは優しく、「わからないところまで戻ってやりましょう」と小学2、3年生のドリルに戻って教えてくれて、「杉浦君、ちゃんとできているよ、杉浦君ってできるんだよ」とほめてくれたのです。

すっかり自信を取り戻し、体も丈夫になって、不登校が治ったのです。私だけでなくほかの子たちも同じです。最初は親元を離れて泣いてばかりいた子も、成績が伸びて、自信がついて目が輝き、元気になっていきました。規則正しい生活と学び直し、これが大事だと身をもって学びました。

これが原体験になって、不登校・ひきこもりから立ち直る方法を編み出したのです。

たかはま

そうだったのですね。私もひきこもりを研究した結果から、「生活リズムはものすごく重要です」と説明しているのに、親は「私も土日は朝寝しても大丈夫だったから、大丈夫」と子どもに甘くしてしまいがちです。親の1サンプルでしかないのに、自分の考えを通して甘くした結果、ひきこもりになっちゃったケースがいっぱいある。そういう親は、どれだけ生活リズムが重要なのか思い知ってほしいです。

私は子どもの問題は家庭にあると思って、親を変えなきゃいけないと、母親学級、父親学級を開催してきました。私の話を講演会で聴いたことのある人は、杉浦先生が話すことは、これまで高濱が言ってたことと全部同じだな、とわかると思います。

杉浦先生が提唱している家庭訪問支援、これも一つの答えだなとずっと思ってきたことです。

私がかつてひきこもりの子を立ち直らせたケースでは、まさに外部のお兄ちゃん役、この人ならなんでも話せる、という人をつくったことがポイントになりました。親ではない、「外の師匠」という言い方を私はしていますけど、メンターといってもいい。お利口さんな先生じゃなくて、同じような経験のあるお兄さんが一番いいのです。

すぎうら

不登校を「見守りましょう」といって放置すれば、そのままひきこもりになっていく恐れがあります。それが続いていくと、あっという間に親子ともに年を取り、８０５０問題、そして９０６０問題とつながる可能性が高まります。無理心中や亡くなった親の年金を子どもが受け取り続ける年金の不正受給などの問題が連日のように報道されているとおりです。ひきこもって人とコミュニケーションがとれない状態が続くと、親が亡くなっても行政などに連絡することすらできず、遺体を放置してしまうなど、大変な事態を引き起こしてしまいます。そうなる前に、なるべく早く手を打つことが大事です。

たかはま
杉浦先生は、私が知る限り、日本で一番不登校・ひきこもりの実態を知っています。

ぜひ、杉浦先生の経験に裏付けられた教えを学んで、不登校やひきこもりを防いでほしいですし、すでに不登校やひきこもりになっている場合は、立ち直るヒントにしてほしいですね。

もう悩まない！　不登校・ひきこもりの9割は解決できる　目次

編集協力／小山美香
装丁／市川さつき
カバー・本文イラスト／まりな
本文デザイン・DTP／草水美鶴

第1章

どんな子も不登校になる可能性がある

杉浦孝宣

第1章のサマリー（まとめ）

どんな家庭やどんな子が不登校・ひきこもりになりやすいですか？

39年間の長い指導経験からわかってきた、ある一定の傾向があります。大きく分けて、二つです。

一つは、早期教育や習いごと、中学受験などを子どもの意思を無視してやらせている場合。もう一つは、親が子どもに甘すぎる対応をしてきた場合です。

親の甘すぎる対応とはどんなものですか？

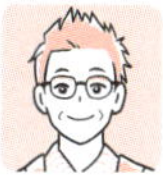

一番よくないのは、金銭面で甘い親ですね。子どもの言いなりになって、何十万円ものゲーム課金を許したり、アニメグッズを買ってあげたりするのはよくありません。また、お父さんが子育てにあまり関わってこなかった、お父さんが甘いという場合は要注意です。

何歳ぐらいの子が不登校・ひきこもりになりやすいですか？

不登校・ひきこもりになりやすいタイミングは、人生で4度あります。中1、高1、高校卒業直後、就職の4つです。ここがポイントです。

コロナで不登校・ひきこもりが急増

2020年3月に当時の安倍晋三首相は、新型コロナウイルス感染症への対策として小中高の一斉休校を実施しました。その後も延長され、5月の下旬から6月ごろまで各学校で休校の措置がとられたのです。

夏休みよりも長い約3か月もの間、強制的に日本全国の小中高校生が、「不登校・ひきこもり状態」にされてしまったわけです。

ただでさえ、夏休みやゴールデンウイークなどの長期休みの後は、不登校になりやすいのです。

長期休みで学校に行かなくてもいい日が続くと、朝早く起きる必要がなくなり、深夜までゲームや動画にのめり込んでしまって、生活リズムが崩れてしまいます。

休みが終わっていざ学校が始まっても、この狂った生活リズムを立て直すことができなくなることが、不登校につながるのです。

休み期間が前代未聞の3か月も続いたわけですから、大きな影響を及ぼさないわけがありません。
私は何度もその危険性を新聞やテレビなどで指摘してきましたが、結局そのとおりになってしまいました。不登校もひきこもりも大きく増加したのです。

実際のデータでも、ひきこもりになったきっかけが新型コロナウイルスの流行にあるという調査結果が出ています。

内閣府の「こども・若者の意識と生活に関する調査」（令和5年3月）によると、ひきこもりの人（※1　48ページ）にその状態になった最も大きな理由をたずねると、「新型コロナウイルス感染症が流行したこと」と答えた割合は、10～14歳では36・1％で1位、15～39歳では25・7％で1位、40～69歳では23・1％で、1位の「退職したこと」に次いで2位と、有意に高くなっています。コロナがひきこもりを急増させたのです。

早期教育、中学受験が不登校をまねく

39年間の長い指導経験から、不登校になる子たちに一定の傾向があることがわかってき

ました。

まず、早期教育や習いごと、中学受験などを子どもの意思を無視してやらせている場合です。

私のところに相談に来た不登校・ひきこもりの生徒に、「人生で一番がんばったことは何か」と聞くと、ほとんどの子が「中学受験」と答えます。

小学生のうちはまだ親に反抗できませんから、自分でも気づかないうちに親の期待に応えようとしていて、無理をして勉強や習いごとをがんばるのです。

「小学校時代はほぼ毎日、塾や習いごとがあった」と話す子も少なくありません。

でも、中学生になって自我が強くなってくると、親の言うとおりにすることに反発し始めます。

中学受験が終わると燃え尽き症候群のようになってしまうこともよくあります。入学してすぐ、4月や5月のゴールデンウイーク明けから不登校になってしまうのです。

もしくは、1学期中はなんとかがんばっていても、夏休みで緊張の糸が切れると、もう2学期からは行けなくなってしまいます。

不登校・ひきこもりの背景にあるお父さんの問題

もう一つの傾向は、親が子どもに甘すぎる対応をしてきた場合です。

特にお父さんが子育てにあまり関わってこなかった、お父さんが甘い、という場合が多く見られます。

たとえば、家で朝起きてきても、「おはよう」の挨拶もせず、お手伝いもせず、食べたら食べっぱなし、服は脱ぎっぱなし、すべて親がやってくれるのが当然という態度に育ててしまっている場合です。

マナーや礼儀、生活習慣をきちんとしつけていないのです。

生活習慣がいかに大事なのかは、「特別対談」で述べたとおりです。生活習慣がきちんとしていない状態で不登校になれば、あっという間に昼夜逆転してしまいます。

そして、一番よくないのは、金銭面で甘い親です。

親が子どもの言いなりになって、ゲームで何十万円もの課金を許したり、アニメグッズを何十万円も買ってあげていたりします。

「ゲームの課金をさせてくれたら、都立高校を受験する」と親に要求するひきこもりの子もいました。お父さん、お母さんに要求を拒否するように伝えましたが、結局、要求をのんでしまいました。合格したものの、その子はその後もひきこもったままです。

そもそもお金は働いて得るものです。

それなのに、高校生以上にもなって、家で何もしないで親がお金をくれるのでは、外に出て働こうという気もなくなってしまいます。親自ら、子どもが立ち直る機会を奪っているのです。

お父さんが本気を出して向き合わないと、子どもの不登校・ひきこもりを治すことはできません。

「仕事で忙しい」「子育ては妻に任せている」という人がいますが、なんのために働いているのでしょうか。子どもを育てるためではないのですか。

子どもが不登校やひきこもりになったら、それは一大事です。そこに全力で向き合わなければなりません。


子どもが部屋でバリケードを作って出てこないというケースで、「お父さんがバリケードを破壊してください」とお願いすると、「え!? それ、ぼくがやるんですか」と答えたお父さんもいました。

「もうちょっと見守ったほうがいいのではないですか」と消極的なお父さんもいます。子どもに対峙《たいじ》できないお父さんが増えていると感じます。


お父さんにいわゆるエリートが多いのも特徴です。東京大学などの国公立大や有名私大など一流大学を出た人、医師や大学教授など社会的地位の高い職に就いている人の子どもが、不登校・ひきこもりになってしまうことが多いのです。

お父さんに話を聞くと、たいていは地方の公立高校出身で、自分の力で大学受験を突破してエリートになっています。

私から見ると、自分の子どもも同じように育てればいいのに、なぜ早期教育や中学受験をさせるのかと不思議に思います。

不登校・ひきこもりになるタイミングは人生で4度ある

不登校やひきこもりになりやすい最初のタイミングは、中1のとき、いわゆる「中1ギャップ」です。

小学生のときと違って、部活動や委員会など縦の関係が重視されるようになります。これまで「○○君、△△ちゃん」と呼んでいた近所のお兄さんやお姉さんを、急に「先輩」と呼んで、敬語で話さなければなりません。

勉強も、中間テストや期末テストという形式になって、学年での成績順位が出て、他人と比べられるようになります。こうした変化に対応できないのです。

さらに、中学受験をしてきた子たちは、受験科目に英語がない学校がほとんどですから、小学校では英語を本格的に勉強していません。

中学に入ると、本格的にやってきたクラスメートもいるなかで、英語でつまずいてしまうのです。不登校になった原因に「英語が嫌で学校に行かなくなった」と話した子どもを何人も見てきました。


英語に限った話ではありませんが、特に私立の進学校ではものすごいスピードで授業が進みます。

中1から高2までの5年間で中高6年分のカリキュラムを終わらせて、高3の1年間は大学受験対策に充《あ》てるためです。そのスピードについていけず、挫折してしまうのです。

中学受験で燃え尽き症候群のようになってしまい、もう勉強する気がなくなってしまう場合もあります。

地元の小学校では上位の成績でも、進学した中学校では成績が下のほうになってショックを受けてしまう場合もあります。

これらの原因が重なって、中1は不登校になりやすいのです。

次のタイミングは高1のとき、いわゆる「高1クライシス」です。

一番の原因は、制度の違いです。中学までは義務教育なので、いくら成績が悪くても、欠席が多くても、全員が在籍したままで、進級も卒業もできる中学校がほとんどです。

しかし、高校は義務教育ではないので、赤点が3教科以上あると進級できないなど、各学校によって成績の規定があります。

また、たいていの高校では年間授業日数の3分の1以上欠席すると、進級できません。9割の学校で年間授業日数を190〜209日の間に設定しているので、1年に60〜70日休むと進級が難しくなってきます。

たとえば、ゴールデンウイーク明けから学校に行かなくなった場合、9月ごろには進級が難しくなってしまいます。

成績不振や出席日数が足りなくて進級できなくなると、留年か退学のどちらかです。

留年して1学年下の後輩たちと同じクラスで勉強するのは苦痛なので、退学するケースがほとんどです。

そのため、高校の退学者は高1が一番多くなっています。多くは通信制高校に転校しますが、そのままひきこもりになってしまうこともあります。

3度目のタイミングは高校卒業直後です。

大学に入ると、高校までのように毎日担任の先生が出欠を確認しませんし、欠席が続いても誰も何も言ってきません。大学になじめないままでいると、だんだん行かなくなり、ついには中退してしまうのです。

実際、大学や短大などの中退率は増える傾向にあります。2022年度の中退者は6万3098人で全学生の2・09%です。50人に1人が中退しています。

大学受験に失敗して浪人する場合も、予備校では授業に出てこない生徒にいちいち出席を促しませんから、だんだん行かなくなり、予備校不登校の状態になってしまうのです。

4度目のタイミングは就職です。

就職活動がうまくいかないで、就職先が決まらないまま卒業すると、そのままひきこもりになってしまいます。
就職できた場合でも、最近の若者はすぐに職場の人間関係や仕事そのものが「合わないから」と言ってやめてしまいます。

不登校は30日以上、ひきこもりは6か月以上と定義されていますが、私は1か月でも、親とコミュニケーションがとれていない〝鎖国状態〟の場合は、ひきこもりだと考えています。

中学生や高校生のケースでは、実際に、親と口をきかない、昼夜逆転している、お風呂に入らないで、髪の毛やひげがボーボーに生えたままになっている、という状態で相談に来ることが多くあります。

こういった状況になると、自分一人で立ち直るのは困難です。なるべく早く相談機関に相談して、第三者が介入することが重要です。

一方、学校に行っていなくても、親とコミュニケーションをとっていて、アルバイトをしたり、友だちと遊んだりしている場合は、ひきこもりではありません。学校に行かない

不登校・ひきこもりになるタイミングは人生で４度

という選択肢もありますから、自然と自分の道を見つけて立ち直っていきます。

こうみてくると、現代はどんな子どもでも不登校になる可能性があるわけです。

今は小学生や中学生で元気に学校に通っていても、あるとき急に不登校になり、居場所がなければそのままひきこもりになってしまう可能性があるのです。

そうならないように、この後、どのような態度で子どもを育てればいいか、本書でお話ししていきます。

また、すでに不登校になってしまった場合でも、20歳くらいまでの年代でしたら、いくらでも立ち直れます。その方法もこれからご紹介していきます。

高濱先生コラム

私が花まる学習会を始めて、多くの親子と出会うなかで気づかされたのは、成長段階にある子どもにとって情緒が安定した環境で育つことが、学力を上げるうえでも、心の成長のうえでも、何より重要だということです。

だから、家庭が安定していることが大事、お母さんが幸せでいること、お父さんがお母さんを笑顔にすることが大事だと、これまでずっと、母親向けの講演会、父親向けの講演会で言ってきました。それができないと、子どもが不登校やひきこもりになってしまう危険性があるからです。

杉浦先生のお話はまさに、私が話してきたことと同じです。私は不登校やひきこもりにならない、自分でメシを食える魅力的な子どもを育てるには、どうしたらいいか、数多くの講演会で何回も話してきました。

杉浦さんは逆に、不登校やひきこもりの子どもを、どうしたら立ち直らせられるか指導してきました。

そこにはまったく同じセオリーがあった、本質があった、ということです。

では、子どもが健全に育つためには、どのような家庭にしたらいいのか、次の章で説明していきましょう。

※1　ひきこもりの人とは、内閣府の「こども・若者の意識と生活に関する調査」（令和5年3月）の報告書のなかで、「ふだんは家にいるが、自分の趣味などの用事のときだけ外に出かける」「ふだんは家にいるが、近くのコンビニなどには出かける」「自分の部屋からは出るが、家からは出ない」「自分の部屋からほとんど出ない」と回答した人のうち、現在の外出状況になってからの期間が6か月以上である人のことを指す。

第2章

こんな家庭の子は不登校になりやすい

高濱正伸

第2章のサマリー（まとめ）

不登校の家庭から相談を受けてきて、何か気がつくことはありますか？

不登校の家庭で見えてくるのは、すべての家庭ではないですが、お母さんの孤独です。夫婦関係が冷え切っていて、お母さんが子どものことをお父さんや知り合いに相談できる環境にないのです。お母さんが不安定なことを子どもは敏感に感じ取っています。これがよくないのです。

お父さんたちに何か特徴はありますか？

優しすぎるお父さんが増えています。ほめて育てるが当たり前になったため、厳しく叱ることができないのです。昼夜逆転もずるずる許してしまう、ゲームに何十万円もの課金も許してしまう、そんな甘い姿勢はいい影響を与えません。

教育熱心な家庭が危ないと聞いたのですが……。

不登校の子どもたちは、自分に自信を持っていません。いつもほかの子と比較され、学歴信仰にさらされていると、自己肯定感がなかなか育ちません。これが不登校につながりやすいのです。心が安定してさえいれば、勉強なんて、後からいくらでも追いつきます。

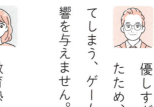

一人っきりで育児に追われるお母さんの孤独

私は花まる学習会で約30年指導してきて、直接的にはのべ5千人、会全体ではのべ30万人の子どもたちを見てきました。そのなかには、子どもが不登校になってしまった家庭もあり、さまざまな相談を受けてきました。

そこで見えてきたのは、お母さんの孤独です。

それはお隣さんやご近所的なつながりがなくなったということでもあるし、同時に夫婦関係がうまくいっていない場合がとても多いのです。子どもが不登校になるずっと前から、両親の関係が壊れているのです。

「あの人に何を言ってもムダ」

「どうせ何もやってくれない」

「あの人を殺そうと思ったこともある」と絶望しきった表情で話すお母さんまでいました。

孤独なお母さんには、家庭のなかで相談できるような相手はいません。夜遅く帰ってきたお父さんに話しかけても、心満ちる対話になりません。

近所に挨拶をするような人はいるし、ママ友もいます。でも、本当に腹を割って話せる友だちはなかなかいません。

昔は大家族で、家にはおじいちゃん、おばあちゃんがいて、近所のおばさんもしょっちゅう遊びに来て、子育てのアドバイスをしてくれたでしょう。

しかし、今はお母さんが一人っきりで、本やインターネットの情報を頼りに子育てしています。毎日ワンオペで家事と子育てに追われて、さらに外でも働いて、でも、誰も評価してくれません。

最近では共働き夫婦も多くなりました。家事をしたり、子どもの送り迎えをしたりするイクメンお父さんもいるでしょう。

それでも、お母さんからすると「やってあげている」という態度がみえみえだったり、子どもの世話をあれこれ焼いて、口うるさいお母さんが二人いる状態のようになっていた

夫婦関係の悪化が不登校の一因に

ります。

実は、お母さんがお父さんに望んでいるのは、お母さんの話を聞いて、ただただ共感することなのです。

夫婦関係が悪く、お母さんが不安定なことを、子どもは敏感に感じ取っています。これが、不登校の原因になるのです。

家に帰ってきたお父さんに「今日、うちの子が学校に行きたくないって、行かなかったんだけど」と相談しても、「ほっとけば、そのうち行くようになるだろう」くらいで取り合ってくれません。

お母さんは一人で悩んでギリギリの状態なのです。

お母さんが求めているのは解決策ではありません。「そうか、それは心配だったね」というねぎらいの言葉で、お母さんに寄り添ってあげることなのです。


不登校が数週間続くと、さすがにお父さんも「これはまずい」と思い直しますが、具体的に手を打つのは少数派。

「子どものことは君に任せるよ」と言うばかりで、お父さんから子どもに対しての働きかけはないことがほとんどです。

一方で、いじめなどがあった場合、「学校に問題があるなら、オレが学校に乗り込んでやる」と言い出すお父さんもいます。子ども同士の問題なのに、親が出て行ったら、子どもの立場がありません。


そういったやり取りが続くと、もう、「あの人に何を言ってもムダ」と、お母さんはお父さんに何も期待しなくなります。

そうならないために夫婦がお互いに何ができるかは、拙著『夫は犬だと思えばいい。』(PHP文庫)ほか、多くの本に書いてきましたが、そもそも人間関係が苦手な大人が増えている時代になっているのです。そのうえ、異性という壁が立ちはだかって、よい関係でいることはそもそも難しいのです。そんななか不登校を誰にも相談できず、自分の子育てが悪かったのではないかと自分を責め、心の均衡が壊れる寸前にまで陥るのです。

この子のためを思ったら、世界に向けて「助けて」と言うべきなのに、「親戚にも言えない」と抱え込んでしまいます。


ですから、子どもの不登校の相談には、「夫婦そろって来てください」とお願いしています。

最初はお母さんが「夫は私の言うことなんて聞きませんから」と消極的でも、何度も説得して一緒に来てもらうと、数回の面談で、風向きは変わってきます。面談では、私がお父さんとお母さんの会話の橋渡しをするのです。

「お母さんはこういう思いなんですよね？」

「お父さんも協力したいと思っていますよね？」

そうすると、お父さんも「オレもできることは協力したいと思っているよ」と会話らしくなっていきます。

これをきっかけに、お父さんとお母さんの仲が良くなって、お母さんに笑顔が戻れば、子どもが小学校低学年ならすぐに学校に復帰することもあります。

優しすぎるお父さんの弊害

第1章で杉浦先生も言っていたことですが、お父さんたちと話をすると、ものわかりのいいお父さんが増えていると感じます。

「そんなことを言ったら、子どもが傷つきませんか？」

「どんな体罰もダメですよね。違いますか？」

と言う人ばかりです。

お父さんの役割は、「ダメなものはダメ」「ならぬものはならぬ」とビシッと教えることです。しつけに正解はなく、「夫婦で決意すること」なのですが、「ここぞ」というときのゲンコツを恐れる必要はありません。

人間というのは建前だけで生きているのではなくて、本能的に手が出ることもあるよね、というおおらかな態度で育てるべきです。

「話せばわかる」「ほめて育てる」などのきれいごとの理屈だけではダメなのです。怒鳴り散らさなきゃいけないときもある。悪いことをしたときには、動物の甘噛《あまが》みの指導のように教えてあげなければいけないのです。

脳の奥にある大脳辺縁系や脳幹部は、進化の初期段階で獲得した古い脳で、生命維持のために安全や危険を判別して行動に反映させています。

抱っこしてほしいと甘えるのも、「コラッ」と怒るのも、脳のその部分です。

「みんなで仲良くしましょう」とか「暴力はいけません」とか、理屈で教えられても、実際の社会に出たら理不尽なことだらけです。

そのなかで生き抜いていく力をつけなくてはなりません。

だから、少しくらい怒鳴られても、立ち直るくらいのタフさを身につけるには、お父さんが厳しく叱ることも必要です。

もちろん、その厳しさは、愛があるからこその厳しさです。

そして、お父さんが「ダメ」と言ったら、子どもは言うことを聞くという関係性を小さいときから築くことが肝心です。


ほめて育てるのが当たり前になった現代、本当に子どもを叱っても大丈夫なのか、と疑う人もいるでしょう。

でも、長年教えてきて、実感し、確信したことがあります。

「愛を込めて叱った後って、子どもがなつくなあ」ということです。

感情任せに怒るのはもちろんダメですが、本当に子どもの将来のためを思って、何が正しいのかを真正面からぶつけると、子どもたちは親しみを込めて寄ってくるのです。

ですから、安心してしっかり叱ってください。「厳しく、短く、後を引かず」というの

愛を込めて叱った後は子どもがなつく

がコツです。

不登校やひきこもりになった家庭では、こうしたお父さんの厳しさがありません。

昼夜逆転になっても、ずるずる許してしまうのです。

「夜働いて、昼寝ている人もいるじゃないか」とかいう子どもの屁理屈《へりくつ》を聞く必要はありません。

「早寝早起きするのが、うちの決まりだ」とバッサリ切っていいのです。

杉浦先生も述べていますが、ゲームに何十万円も課金するのを許してしまうような、金銭的にルーズで甘いケースが多いのも不登校の家庭の特徴です。

「ダメなものはダメ」でいいのです。「言っても買ってくれない」くらいがちょうどいいのです。

子は親に従うという関係性を小さいころから築けなかったから、不登校になるケースもあるのです。

教育熱心な家庭が危ない

不登校の子どもたちを見ていると、多くは自分に自信を持っていません。なぜでしょうか。

それは、いつも比較されているからです。

お母さんたちは、「ダンナに話してもしょうがない」と孤独に子育てしているから、不安ですぐにママ友の子どもと比較してしまいます。

「隣の〇〇ちゃんはもう塾に行っている」
「△△君は偏差値60で××中をめざしているらしいよ」
「□□君はあんなにできるのに、なんであんたはできないの」

という具合です。

そして、少しでも偏差値の高い学校に子どもを入れようと、子どもに「勉強しなさい」「あと偏差値5上げれば××中に入れる」などとギャーギャー言うわけです。

こういう比較や学歴信仰は、外部の評価基準を気にして生きていくという点で子どもを不幸にするのです。

子どもの成長にとって一番大事なのは、心です。自己肯定感です。これをしっかり、しなやかに育てておけばいいのです。勉強なんて、歯車がかみあえば後からいくらでも追いつきます。

まずは、すべての土台になる心が大事。

でも、この土台となる石垣に穴があったら、崩れてしまいます。子どもは人目を気にして、比較されて、やらされ感ばかりで、コンプレックスの塊になっている。

そんな穴がいっぱいあれば、心が崩れてしまうのです。

それなのに偏差値とか学歴とか、フレーム重視、枠組み重視で、そっちばかり気にしている。

子どもの心を見ていないのです。心に焦点を当てて育てていないのです。

私は思考力が大事だとずっと言ってきましたが、実はそれ以前に大事だと思っているの

愛情を注ぎ、しつけをしっかり

が計算と漢字です。

やればできるものですから、それだけはきっちりやらせて、基礎を固めてあげればいいのです。そうすれば、後からやる気になったときにいくらでもできるようになります。

特に4歳から9歳までは、愛情を注ぎ、しつけだけしっかりやっておけばいい。

愛情は無償の愛です。勉強ができたらほめるとか、そういうのではない。ただただ子どもがかわいい、好きで好きでしょうがない、そういう無償の愛が必要なのです。

スキンシップをしたり、言葉で「あなたが大事だよ」と伝えたりすることです。

「子どもの将来のために勉強させる」「将来のために小さいうちから英語を習わせる」というのは無償の愛ではありません。

それは〝優秀な子どもを育てたお母さん〟という勲章を得たい、お母さん自身のためなのです。

そして、「ならぬものはならぬ」としつける。「かわいい、かわいい」だけで育ててはダメです。親が教育の哲学や家庭のルールを持ってないといけない。

このような愛情としつけに欠落があると、子どもは不登校やひきこもりになってしまうことがあるのです。

杉浦先生コラム

高濱先生が指摘するのとまったく同じことを、私も39年間の指導のなかで感じてきました。不登校・ひきこもりの相談に最初に来るのは、ほとんどがお母さん一人だけです。

なぜなら、大事な子どものことなのに、きちんと夫婦で話し合えていないからです。家庭が不仲の状態であることも多いです。ですから、必ず夫婦二人そろって面談に来てもらうようにお願いしています。

指導していくなかで、夫婦が仲良くなっていくと、子どもが立ち直っていくというのもよく見てきました。

それだけ夫婦関係がよくなることが、子どもにとって大事だということです。

重度のひきこもりの場合は、親が甘い対応をしていることがほとんどです。特に父親が甘すぎることが多いです。

昼夜逆転を許し、学校に行くことも働くこともしないで、ただゲーム三昧だったり、好きなことしかやらなかったりする状況を許しています。

高濱先生が言うとおり、小さいころからそういった甘い対応をしていると、不登校やひきこもりになりやすくなってしまいます。急に対応を変えると、必ず子どもは反抗します。親に暴力をふるうこともあります。

ですから、小さいうちから生活習慣や礼儀など、きちんとしつけておくことが大事なのです。

子どもの意思を無視した早期教育や中学受験が、不登校の引き金になることは、第1章でも説明したとおりです。

〇〇中に合格したから、英検〇級に合格したから、といってほめるのでは、いい成績や成果を出さないと愛されないと子どもは感じてしまいます。

そうではなく、ありのままの子どもを認めて愛することです。

第3章

こんな家庭の子は心が元気に育つ

高濱正伸

第3章のサマリー（まとめ）

子どもの心が元気に育つのはどんな家庭ですか？

お母さんがニコニコ、のんびり、おおらかな家庭はいいですね。子どもに対しての愛情はたっぷりあっても、成績には無関心なくらいのほうがちょうどいいのです。そんな家の子はのびのびと力を発揮します。そして、お父さんの役割は、お母さんを笑顔にさせること、これに尽きます。

不登校を避けるためには何が大事ですか？

早寝早起きと家のルールを必ず守らせることです。「ダメなものはダメ」として、親は子どもの要求に絶対に折れてはいけません。駄々をこねれば許してもらえる経験をしてしまうと、いずれ親の言うことは聞かなくなります。

結局、子育てにおいて大切なことは何ですか？

ほかの子と比較しないでありのままの子どもを見ること、これに尽きます。比べる子育ては、お母さんに焦りを与えますし、子どもも自信をなくします。いいことは何一つありません。お父さんのフォローも欠かせません。

お母さんはニコニコ、のんびり、おおらかに

子どもが不登校やひきこもりにならないために、心が元気に育つには、お母さんが安定していて、笑顔でいることが大事です。

かといって、作り笑いではいけません。子どもが遊んだり勉強したりしている途中に、ふと顔を上げると、お母さんがこっちを見て、にっこりほほ笑んでいる――そんな状況なら、子どもはお母さんの愛情をしっかり感じるはずです。

成績もよくて、人間力もある、そんな魅力的な子どものお母さんに面談で会ってみると、のんびりして、おっとりしているタイプ、おおらかなタイプが多いのです。

とても優秀な生徒のお母さんにばったり会ったとき、ひとしきり話をした後、

「それで、先生、うちの子はどの学校を受けるんでしたっけ」

と言って、笑って帰っていきました。

そのくらい子どもの成績や受験には無頓着なほうが、子どもがのびのびと力を発揮する

ニコニコ母さんの子は伸びる

傾向があります。

私は「母親ののんびりに最悪なし」とずっと言っています。

子どもに対して愛情はたっぷりあっても、成績には無関心なくらいのほうがちょうどいいのです。そのほうが、成績がぐんぐん伸びるのです。

『子ども時代探検家　高濱正伸のステキな大人の秘密』（エッセンシャル出版社）という本では、ITやベンチャー、宇宙開発などさまざまな分野で活躍する大人たちに子ども時代をどう過ごしたのかインタビューしました。

どの人もたいてい「たっぷり愛情をかけてもらった」「『勉強しろ』と言われたことがない」と話します。

「小学校に入ったら、父親と一緒に遊べなくなっちゃうから、いまのうちにたくさん遊ぼうと幼稚園を退園させられた」とか、「キッチンを小麦粉で白く塗ってキレイにしようとして、粉だらけになったけど、お母さんは『ありがとう』と言ってひと言も怒らなかった」とか、大笑いするエピソードがたくさんありました。

いいお母さん像を持っている人は、自己肯定感も高く、他人と比較することもなく、自分の好きなことにとことん取り組めるので、大きく伸びて活躍できるのです

お父さんの役割は笑顔にさせること

お父さんの役割は、お母さんを笑顔にさせること、これに尽きます。愛する子どものためにこそ、お母さんを笑顔にさせるのです。

保護者面談で「このお母さんは、安定していておおらかで、余裕があるな」と感じると

きがあります。

そういう家庭には3つの共通項があります。
①お父さんが子どもとよく遊んでいること。
②お父さんがお母さんの話にちゃんとうなずいていること。
③お母さんの相談ごとをお父さんがきちんと受け止めていること。

お父さんが子どもと遊ぶのは、お母さんにとって、とてもうれしいものです。時間的にも精神的にも余裕がうまれて、夫への信頼感も増します。

ところが、最近は「子どもとどうやって遊べばいいかわからない」というお父さんが増えています。お父さん自身が父親と遊んだ経験がなかったり、遊びきった経験がなかったりします。

公園に連れていっても、スマホをいじりながら子どもが遊ぶのを見ているだけという場合もよくあります。

お父さんの役割は、お母さんを笑顔にさせること

父と子で遊ぶのならばぜひ、キャンプ、海、山、川など自然のなかで遊びましょう。キャンプで火をおこしたり、星空を見せて星座の話をしたり、釣りをしたり、秘密基地を作ったり。お父さんならではの知恵や力強さに、子どもたちは尊敬のまなざしを注ぐでしょう。

時間が取れないなら、無理に車や電車で郊外に連れていかなくてもいいのです。近所で虫取りやザリガニ釣りをしたり、公園で鬼ごっこをしたり、泥団子を作ったりするだけでもいいのです。

散歩しながら、親子で自然の移ろいを見て語り合うのもいい時間になります。

家の中では、怪獣ごっこ、トランプやボードゲームをして遊ぶのもいいでしょう。

そして、遊ぶときは本気を出してください。走るのも全力疾走です。子どもはお父さんの強さを実感するでしょう。

小学校高学年以降なら、子どもとの二人旅がおすすめです。子どもとの絆《きずな》がぐっと深まりますし、その間にお母さんはゆっくりできるのです。

お父さんの陥りがちな勘違い

「ぼくは妻の話を聞いているし、相談も受け止めていますよ」と思うお父さんもいるかもしれませんが、お母さんたちに聞くとたいていはうまく話を聞けていません。

お父さんがお母さんとの会話でしがちな落とし穴が5つあります。

①妻の話を黙って聞く。うなずきがない。
②要点をまとめて話をするのがいいことだと思っている。
③解決策を言うことがいいことだと思っている。
④妻の話を論破する。結論を言う。
⑤よかれと思って妻を啓蒙《けいもう》しようとし、妻をつぶしていく。

「要は〇〇ってことだろう」
「つまり、〇〇すればいいんじゃないか」

結論や解決策は求められていない

「それより〇〇したほうがいいよ」

こんなことを言っていませんか。多くの母親は結論や解決策を聞いているのではなく、寄り添いがほしいだけなのです。私もそれがわかるまでに10年以上かかりました。

「そっかぁ。そうだったのか」という相づちや、「それは大変だったね」と共感してねぎらうひと言を求めているのです。

会話のなかでお母さんの問いを解決しなくてもいいのです。親身になっていねいに聞くことを意識しましょう。

お母さんが話しかけてきたら、「へえ」「なるほど」とうなずいて、お母さんの話したことを「〇〇なんだね」とくり返したり言い換えたりして、「ママも大変だったね」と共感する、たったそれだけでもいいのです。

最近はイクメンのお父さんが増えています。子どもの世話をしたり、送り迎えをしたり、家事をしたり。

それはいいのですが、「家の中にお母さんが二人」になってしまうといけません。「教育熱心なお父さん」といえば聞こえはいいですが、お母さんと一緒になって、子どもにあれこれ口を出していると、子どもは育ちません。父親にしかできないことに専念してください。

家のルールを徹底する

子どもを不登校にしないために一番大事なのは、くり返しになりますが、早寝早起きです。夏休みや土曜日、日曜日は遅く起きてもいい、という例外を設けることは間違ってもしないでください。それが、後々の不登校につながります。

もう一つ大事なのが、家のルールを作って「ダメなものはダメ」と、必ず守らせることです。親は子どもの要求に絶対折れてはいけません。

起きる時間、寝る時間、お小遣い、お手伝いなどルールを決めましょう。


年長くらいになったら「食べたお皿は台所へ持っていく」という簡単にできるものから、少しずつやらせるようにします。

誕生日や学年が変わるときにお手伝いの内容をレベルアップさせるのがコツです。

「もう7歳になったから」「もう2年生になったから」というのは、子どもにとって大きな意味を持ちます。お風呂掃除などは完全に任せて、子どもがお風呂掃除をしないと、みんながお風呂に入れない、というように徹底します。


子どもがやることは雑だったり、上手にできなかったりしますから、子どもがやった後で、隠れて親がもう一度やり直してもいいのです。

家のルールを徹底する

でも、「今日は疲れたから、やらなくていいでしょ」というのを許してはいけません。駄々をこねれば許してもらえる、という経験をしてしまうと、いずれ親の言うことは聞かなくなります。これが、不登校、ひきこもり、家庭内暴力に近づく一歩なのです。

あるお母さんは、私のこの話を聞いて、娘が3歳のときから毎朝6時に起きてお父さんとランニングするというルールを決めたといいます。

平日も土日も夏休みもお正月も、少しくらい熱があっても、必ずやり通したといいます。するど、とても意欲のある子どもに育ち、私立の大学付属中学校に通っていましたが、高校からはアメリカ留学に挑戦したそうです。朝のランニングは留学に行くまで、3歳から15歳まで1日も欠かさず続いたといいます。

親がルールをきちんと守らせたからこそ、意欲のある子どもに育った好例でしょう。

比較しない子育てを

大切なことなのでくり返して説明しますが、子育てにおいて、比較するのは一番よくありません。

それでも、赤ちゃんのときから、「8か月になったらハイハイする」「14か月になったら二語文が出る」など育児書に書いてあることと比べながら子育てしているのが、現代の育児の現状です。

園児や小学生になれば、ママ友の子どもやクラスの子と比べがちです。お母さんは焦るし、子どもは自信をなくすだけで、いいことは何もありません。

そこで、お父さんの出番です。

「うちは中学受験しないで、のびのびやらせよう」

「後伸びする子どもにするために、今はたっぷり遊ばせよう」

「背伸びをせずに、子どもにあった学校を受験しよう」

など、家庭の方針をしっかりお母さんと話し合って決めましょう。すると、お母さんも安心します。

ほかの子と比べない

しかし、お父さんとしっかり話せていないで、お母さんが不安だったりイライラしたりしていると、ほかの子と比べてばかりで、NGワードも連発してしまいます。

「勉強しなさい」

「宿題やったの」

「どうして解けないの」

「なんでこんな簡単なミスをするの」

「〇〇ちゃんはもう総復習が終わったそうよ」

徐々に子どもは勉強する意欲をなくしてしまいます。やる気のない子どもになったり、不登校になったりします。

なんとか中学受験で私立中学に進学できたとしても、そこで不登校になってしまいます。

杉浦先生も言っていますが、特にお父さんが高学歴で勉強ができたタイプは、要注意です。

過去の自分と比べて、「どうしてこんなこともわからないんだ」「さっき言ったことをもう忘れたのか」など厳しく子どもに当たってしまうことがあります。

これでは、子どもが自信を失い、やる気をなくすだけです。くれぐれも自分と比べないことです。


ところで、ひとり親の場合はどうするか、ですが、父親だけ母親だけでも立派に育てきった家庭もたくさん見てきました。どうすればよいのか。一人きりで抱え込まず、どんどん外注できるものは外注し、まわりに頼ることです。

そして、学力も大事ですが、何よりも子どもの瞳の輝きを通じて心に注目し、心の健やかな育ちこそを大事にすることです。がんばっているひとり親のことを子どもは必ず誇りに思い、助けたいと感じてくれるものです。完璧でなくてもよい。失敗も言いすぎもあるけれど、心の奥底で子のありのままを愛し、存在を喜ぶ姿勢があれば、健やかにたくましく育ちます。

杉浦先生コラム

不登校やひきこもりの子どもの相談を受けると、だいたいの子どもは生活習慣が崩れていて、礼儀もなっていません。

ポケットに手を突っ込んで、イヤホンをつけたまま面談に来た生徒もいました。

家庭のなかで、礼儀やルールをしつけられていないのです。

高濱先生の監修した絵本に『メシが食える大人になる！　よのなかルールブック』

（日本図書センター）がありますけど、このルールが守れなかった人が、不登校やひきこもりになる確率が高いといえます。

中学受験や早期教育、英語教育、そういったことばかりに夢中になっている親（特にお母さん）が多い気がします。それ以前に、規則正しい生活習慣をつけること、礼儀を身につけることが大事です。

そういった基本ができていなければ、不登校やひきこもりになってしまう可能性があるのです。そうなってしまっては、教育も何も意味がありません。

規則正しい生活習慣を身につけ、自律していければ、勉強はその後にいくらでも追いつきます。順番が大事なのです。

第4章

不登校になったら どうしたらいい？

杉浦孝宣

第4章のサマリー（まとめ）

子どもが学校へ行けなくなりました。もうどうしたらいいのか、わかりません！

まずは落ち着きましょう。大丈夫です。立ち直らせる方法は必ずあります。私が面倒をみた子も、公務員になって働いたり、結婚して子どもに恵まれたりと、それぞれ立ち直って立派な社会人になっています。

学校へ行けないわが子。何に気を配ればいいですか？

親との会話があるか否かが一番の大きなチェックポイントです。学校に行かなくても、親と会話ができて、好きな習いごとやフリースクールなどに通えていれば、いずれちゃんとやっていけるようになります。逆に親との会話がない場合は要注意です。

不登校の初期にやってはいけないことはありますか？

学校に力ずくで行かせようとするのはやめましょう。それを機に子どもから暴力を受けたりして、コミュニケーションがとれなくなり、事態が悪化します。

 まずは落ち着いて、絶望する必要はなし

まずは落ち着きましょう。

子どもが不登校になってしまうと、親は「誰にも言えない、知られたくない」と問題を一人で抱え込んでしまいがちです。このままひきこもりに発展してしまうのではないかと絶望してしまう人も多いです。

特にお母さんが専業主婦の場合は、ほぼ一日中家に一緒にいることになり、子どもを腫れ物のように扱って、ギリギリの精神状態になっていることが多いのです。

でも、大丈夫です。

いくらでも立ち直る方法はあります。絶望する必要はありません。現に、私は39年間で1万人以上を立ち直らせてきました。

ひきこもりから大学生になったり、公務員になって働いたり、結婚して子どもに恵まれたり、みんなそれぞれに立ち直って立派な社会人になっています。

10年以上ひきこもっていた子が社会復帰できた例もあります。中学2年生から24歳まで

ひきこもっていた女性が、私が指導していた高卒支援会にメールで相談をしてきました。翌日には面談をし、通信制高校、サポート校に入学しました。3年かけて卒業し、短大に進学、卒業後は公務員になり、結婚もしました。こんな例もあるのです。

だから、まずは落ち着いて、お子さんがどんな状態にあるのか、客観的に判断しましょう。

不登校とひきこもりの区別、重症度チェック

不登校は年間30日以上登校できない状態と、文部科学省が定義しています。

一方、ひきこもりは外出しない状態（11ページで説明したとおり）が6か月以上続いている状態と内閣府が定義しています。

ただ、私は、1か月でも親とまったくコミュニケーションがとれていない場合は、ひきこもりだと考えています。

そして、ひきこもりの重症度を次のように分類しています。

	不登校期間	親子間のコミュニケーション	規則正しい生活リズム	親と一緒に食事をする
ステージ1	1日〜60日	△	△	○
ステージ2	61日〜180日	△	×	△
ステージ3	181日〜	×	×	△
ステージ4	年単位	×	×	×
ステージ5	年齢20歳以上	×	×	×

○：できている
△：少しはできている
×：できていない

ステージ①のように、学校に行っていなくても、親と一緒にご飯を食べたり、会話がたくさんあって、生活習慣が乱れていない場合は、それほど心配する必要はありません。1か月以内ならば自然に学校に戻っていく場合も多くあります。

不登校状態が6か月以上だとひきこもりという内閣府の定義は、ステージ③に該当しますが、私は1か月でも親子間のコミュニケーションがまったくとれない状態で、自室にこもっている場合はステージ③になると考えています。

親と会話があるかどうか、というのが一番の大きなチェックポイントです。

学校に行かなくても、親と会話ができて、自分の好きな習いごとやフリースクールなどに通えている場合なら、いずれちゃんとやっていけるようになります。

ただ、親との会話がなくて、ひきこもりが進行すると、お風呂に入らなくなり、髪の毛やひげが伸びっぱなしになります。自室のカーテンを昼間でも閉め切っているのも特徴です。こうなるとステージ④です。自然に学校に戻るのは困難です。

不登校初期にやってはいけないたった一つのこと

不登校になったばかりのころは、たいていの親は無理やり学校に行かせようとします。そうすると、子どもから暴力を受けるケースが多いです。親に暴力をふるうまでいかなくても、物に当たったり、壁に穴を開けたりします。

それがきっかけとなり、親とコミュニケーションをとろうとしなくなります。自室にひきこもってしまうきっかけにもなります。

ですから、学校に力ずくで行かせようとするのはやめましょう。

首尾よく行かせられたとしても、翌日にはまた行かなくなってしまいます。結局、問題の解決にはなりません。

お父さんとお母さんが一枚岩になること

では、不登校になったら、まずどうしたらいいかというと、お父さんとお母さんがよく話し合って、一枚岩になることです。

お父さんとお母さんが一枚岩になる

不登校・ひきこもりの相談に最初に来るのは、お母さん一人だけのことが多いです。

なぜなら、大事な子どものことなのに、きちんと夫婦で話し合えていないからです。お父さんにとっては、母親と子どもの問題で、自分の問題ととらえていない、という場合もあります。

たいていの家庭は夫婦で考え方がちぐはぐな状態です。それでは治そうとしてもうまくいきません。

たとえば、お母さんとスタッフで方針を話し合って実行しているのに、お父さんが「本当にその先生で大丈夫なのか」「そのやり方でいいのか」なんて言い出すと、すべてが台無しになってしまいます。

ですから、まずは、夫婦で話し合って、どんな方針で不登校を解決するのか、どの機関に相談するのか話し合いましょう。

夫婦の考え方がそろっていることが、不登校を解決する最初の一歩です。私のところに相談に来る場合にも、最初に夫婦そろって来てもらうようにしています。

特にお父さんが本気を出さないと、不登校やひきこもりは治りません。お父さんが仕事を休んでまで相談に来る、そのくらい本気を出さなければ、治らないのです。

相談するのが早ければ早いほど立ち直りも早い

ステージ①でしたら、自然に学校に戻ることもありますが、ステージ②以上でしたら、なるべく早く専門家に相談することです。親子でコミュニケーションがとれない状況では、第三者の介入が必要になります。

最初のうちは様子を見てもいいですが、期限を決めましょう。

1か月様子を見て、それを過ぎたらスクールカウンセラーに相談する、3か月経っても学校に戻らないようなら、民間の専門の機関に相談する、といったように、期限と方針をあらかじめ夫婦で決めることです。

不登校やひきこもりでいる期間が短ければ、元に戻るのも早くなります。1か月から数か月なら、割とスムーズに戻すことができます。

逆に、時間が長引けば長引くほど、元に戻すのは難しくなります。年単位になってくると、さらに難しくなります。早めの対処が肝心なのです。

高濱先生コラム

私も夫婦が一枚岩になることの大事さをずっと言ってきましたから、同感です。
実際に不登校・ひきこもりを1万人以上立ち直らせてきた杉浦先生の言葉には、説得力があります。

不登校になると「誰にも言えない」とお母さん一人でギリギリの精神状態で問題を抱えています。

杉浦先生の言うように、早期に外部に助けを求めるべきなのです。

第5章

小学生の不登校・ひきこもりの対処法

高濱正伸

第5章のサマリー（まとめ）

うちの子は小学4年生なのですが、どんなことに注意すればいいですか？

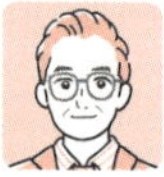

思いっきり外遊びをすることと、スキンシップを大事にすることの二つです。スキンシップが大切なのは、特にこの時期の子どもはお母さんが大好きだからです。弟や妹がいたりすると、お母さんに悪気がなくてもお母さんの愛情が感じられなくなり心が不安定になることがあります。

小学6年生のわが子に対して、何か注意することはありますか？

親が疎ましく思えたり、体や異性を意識し始める時期です。こんな時期に不登校になったら、親と学校の先生以外の第三者が必要になります。一人でもいいので、絶対に信頼できる人、心を預けられる人と出会えるといいですね。

朝起きるのが苦痛のようです……。

小学5・6年からはだんだん生活リズムが崩れ、スマホ漬け、ゲーム漬けになってしまう子も出てきます。お父さんとお母さんが一致団結して毅《き》然《ぜん》とした態度をとりましょう。もちろん、さりげないスキンシップを通して、たっぷり愛情も注いであげてください。

小学3・4年生までの場合

不登校自体は小学1、2年生から始まります。原因は些細《ささい》なことです。クラスメートの誰かにイヤなことをされたとか、いじめられたとか、人間関係のストレスがきっかけになることが大半です。

もっとも、小学校低学年の不登校は、心配することはないといえます。多くの場合、子どもはふとしたきっかけで登校できるようになるからです。そもそもこのぐらいの年齢は、子ども自身の切り替えが早いため、何事もなかったかのようにケロッとして学校へ行き始めます。長期化することもなくはないですが、少数派です。

それでも不登校が続くようなら、いくつかの原因があります。

無理な習いごとはやめて遊びきる体験を

私の講演会でいつもお話しすることですが、4歳から9歳までは、「赤い箱」、オタマジャ

無理をさせるとのびのび育たない

クシの時期です。忘れっぽい、飽きやすい、座っていられないという子どもらしい特徴のある時期です。オタマジャクシに何度言っても陸にあがれないように、大人のカエルとはまったく別の生き物です。

この時期に不登校になるのには、遊びきれていないこと、愛情が足りていないことの二つの原因があります。

オタマジャクシとして自由に泳ぎたいのに、無理やり陸にあげられて、飛び跳ねる練習をさせられている状態、それが塾や習いごとばかりさせられて、遊びきれていない状態です。

この時期に十分に遊んだ経験がないということは、自分の意思で決めるのではなく、無理やり「やらされ」ている状態なので不登校になったり、大人になって事件を起こしたりする原因になります。子どもが進んで行きたがらない塾や習いごとをやめることや、遊びの時間を確保することを検討しましょう。


ここでいう遊びで一番大事なのが、外遊びです。ゲームやスマホではありません。お父さんやお母さんが一緒に体を動かして遊んだり、自然に触れて遊んだりしましょう。子どもが夢中になることを途中でやめさせないで、気が済むまでやらせます。


花まる学習会での出来事です。

いつも勉強のとりかかりが悪く、講師や親を困らせていたA君がいました。

あるとき、ほおを真っ赤にし、目を輝かせ高揚した表情で教室に入ってきました。聞くと、途中のドブ川で亀を見つけて、友だちと捕まえたそうです。すると、この日は楽々と

男の子はお母さんのヒーローになりたい

学習に取り組み、明るい表情のままやり遂げました。

勉強に身が入らなかったのは、遊びきる体験が少なかったのだなと実感した一例です。

スキンシップを大事にする

もう一つこの時期に大事なのは、スキンシップです。

赤い箱の時代は、なんといってもお母さんが大好き。お母さんに愛されたい、特に男の子はお母さんのヒーローになりたい、その思いでいっぱいです。

弟や妹がいる場合、お母さんが下の子の世話にかかり切りになると、自分への愛情を感じられないで不安定になっています。それが不登校につながっている場合もあります。ですから、ちゃんと言葉にして愛情を伝え、ぎゅーっと抱きしめてあげてください。下の子を預けて、二人だけでどこかにお出かけするのもいいでしょう。

小学1年生のB君は、「やりたくない」「もう帰る」と駄々をこね、若い講師は教室にいさせるだけで精一杯と、手を焼いていました。

私は見当をつけてB君の隣に座り、「弟か妹はいるかな？」とたずねると、B君は「えっ」という顔をしてうなずきました。

「いくつ？」

「年少さんと赤ちゃん」

「そっかー。じゃあいつも弟君たちにママを取られているんじゃない？」

「……うん」

「そういうの、悔しいんだよねえ。先生もそうだったもん。2歳下に弟がいてさ、弟ばっかりかわいがられて、悔しかったなあ」

B君は私をじっと見つめています。これでもう十分です。翌週から、B君は別の子かと思うくらい、積極的に学習に取り組みました。

自分の気持ちをわかってくれる大人がいるだけで、それだけでガラッと変わるのです。一番よいのは、お母さんの愛情がしっかり伝わること。そうすれば自然と学校に戻っていきます。

そして、これまで何度も言っているように、夫婦が別れずにいるのであれば仲良くすることが大事です。お母さんが笑顔になって家庭が安定すれば、多くの場合子どもも不安がなくなって、学校に戻るようになります。

✿小学5・6年生以上の場合

9歳までは「赤い箱」でしたが、10歳から18歳くらいまでは「青い箱」になっていきます。オタマジャクシから成長して、カエルになった時期です。

この時期の子どもは十分大人です。鍛錬に耐えられる時期、親に反抗的になる時期、外の師匠を求める時期です。

思春期特有の悩みも出てきます。体や性の問題です。「モテない」「異性にバカにされた」ということを深刻に受け止めるようになります。人間関係も複雑になってきます。

小学5・6年生は、この青い箱に入ったばかり、カエルになったばかりの時期です。それまで、かわいいかわいい、だけで育ててきて、家庭のルールや教育の哲学がないまま来てしまうと、親の言うことは聞かなくなります。

心を預けられる外部の第三者、安心できる居場所が必要

この時期に不登校になったら、親と学校の先生以外の第三者が必要になります。塾や習いごとの先生、監督、コーチ、師匠など、メンターのような存在です。

そもそも人間は、人を好きになりたい生き物なのです。世界に誰か一人、絶対に信用できる誰か、心を預けられる誰かが欲しいのです。心のぽかぽかする部分を求めているのです。

心に焦点を当てて育てなくてはならないのに、枠組みだけ作ってもダメです。

各自治体の教育委員会は、不登校対策として教育支援センター（適応指導教室）を運営していますが、その利用率は10％程度です。「この子は適応しないから指導しよう」という態度では、子どもの心は開けません。魂が入っていないと、「この人は仕事でやっているだけだな」と見抜くのです。

私が考えている一つの答えが、花まる学習会が運営しているフリースクール「花まるエレメンタリースクール」です。

熱い熱い思いを持った講師が、朝から晩までひたすら子どもたちのこと考えて考えて向き合っています。〇〇メソッドとかそういうのではなく、その子を思う心が必要なのです。

運営を始めて最初は、教室に来ない、教室から逃げ出す、人を殴る、といろいろありました。

しかし、半年も経つと、もう全員が来るようになります。教室が開く前から、教室の前で並んで待っているくらいです。3年も5年も学校に行けなかった小学生たちが、それほど変化するのです。

学習面でもすばらしい成果をあげています。本当にこの子が学校に行けなかったのか、と驚くような結果を出す子が続々と出てきています。火がつけば、ものすごい伸びを見せるのです。

不登校になる子どもには、発達障害といわれる子も多いです。

安心できる居場所を見つけてあげる

しかし私は、○○症と名前を付けることで、親は「私のせいではない」と半ば安心し、不登校を病気のせいにしている気がしてなりません。実際、○○症といわれる子を花まる学習会のサマースクールでひと夏に500人は預かっていますが、まったく問題になりません。

子ども自身が不安だと、症状も強く出るかもしれませんが、絶対的な安心を与えると、なんとか自分でコントロールしようとするし、自分を客観的にとらえるメタ認知もできてきます。ですから、心から信頼できる第三者がいる、安心できる居場所を見つけてあげることが前進するための第一歩なのです。

地域のフリースクールや子どもの居場所づくりをしている団体の門を叩いてみましょう。子どもに心を寄せてくれる熱心なメンターがいるはずです。

勉強を強要しない

不登校になって、心が満たされていないのに「勉強しなさい」と言われても、反抗するだけです。「みんながやっているからやりなさい」と言ってもダメです。

「学校に行かないと勉強が遅れてしまう」と心配になる気持ちもわかりますが、勉強なんてすぐに追いつきます。将来、大学に行かせたいのなら、通信制高校やサポート校など、いくらでも行かせる道はあります。まずは、心が安定して、毎日通える居場所を作ることです。

さりげないスキンシップを

規則正しい生活とさりげないスキンシップ

この年代からは、だんだん生活リズムが崩れ、スマホ漬け、ゲーム漬けになってしまう子も出てきます。規則正しい生活をして、スマホやゲームは約束して時間を守らせることです。夫婦ともに一致して毅然とした態度をとりましょう。一方が叱っているのに、もう一方が子どもに折れてしまっては台無しです。

それ以外はたっぷり愛情を注いで

あげてください。この手法は「同性の親」の役割が増します。父が息子とあるいは母が娘と、きれいごとでない社会の厳しさや現実、親がどんな人生を歩んできたかなどを語ってあげると、驚くほど素直に話し合えたりします。

特に男の子は、「なんだよ、気持ち悪いな」などと強がっていても、本心ではまだまだスキンシップが恋しい年ごろです。さりげなく頭や顔をなでる、肩や背中をさするのも効果的です。ソファで隣にくっついて座ってテレビを見たり、キャッチボールをしたり、子どもの好きなことを近い距離で一緒にやりましょう。

女の子に効くのは、恋バナです。お母さんがお父さんと付き合い始めたころの話、お母さんの元カレの話など、お母さんの話は興味津々で聞きます。女性同士としての絆が生まれます。この時期の女の子はお父さんを嫌がる思春期ですが、お父さんは仕事の内容や仕事の悩みなど話してみるといいでしょう。お父さんの苦労を知って、尊敬する気持ちが生まれます。

心が満たされると、自然と態度が変わってきます。学校やフリースクールなどに行ってみようという前向きな気持ちにもなってきます。

杉浦先生コラム

私のところに相談に来るのは、中学生から20歳くらいまでの子が多いのですが、最近は小学生もちらほら来るようになりました。不登校・ひきこもりが低年齢化していると感じています。

高濱先生は幼児から小学生くらいの年代の教育のプロですから、このくらいの年齢の子どもたちのことをよくわかっていて、さすがです。

やはり子どもに無償の愛情をかけることが大事だと思います。中学生、高校生で不登校の相談に来る子でも、小さいころから親の愛情が足りていなかったんだろうな、と感じる子が多いです。

比較しないで愛情をたっぷり与えて、生活習慣や礼儀はしっかりしつけることが大事だと思います。必ずしも学校でなくてもいいので、フリースクールなど、毎日通える居場所を見つけて通いましょう。それが生活習慣の維持に役立ちます。

第6章

中学生・高校生から20歳くらいまでの対処法

ステップ❶

杉浦孝宣

第6章のサマリー（まとめ）

不登校専門のカウンセラーに相談したところ、「見守りましょう」と言われたのですが……。

ひきこもりに発展するリスクを考えて、期限を決めて見守りましょう。期限が過ぎても不登校が続く場合は、別の機関に相談してみましょう。

私の経験では、①規則正しい生活を送る、②自律して自信をつける、③社会貢献をする、この3つのステップで、9割の子が立ち直ることができます。

ネットで調べると、いろいろな相談機関があって、迷ってしまいます。

注意してほしいのは、いわゆる「引き出し屋」です。法外な料金を取って、子ども本人の意思を無視して強引に連れ出したり監禁したりする危険な業者です。

相談機関から子どもを連れてくるように言われて困っています。なにせ部屋から出てきませんから。

ひきこもっているから相談しているのですから、連れ出すのは難しいですよね。おすすめは、家庭訪問支援をしてくれる機関を見つけることです。自宅を訪問してくれて、子どもと徐々に信頼関係を築いて、少しずつ外に出るのを促して、フリースクールなどの居場所に毎日通えるように導いてくれる支援です。

中学生から高校生、それより上の20歳くらいまでの子どもの不登校・ひきこもりは、3つのステップで立ち直ることができます。ここからは、高卒支援会、不登校・引きこもり予防協会のやり方で説明していきます。

ステップ❶ 規則正しい生活を送る
ステップ❷ 自律して自信をつける
ステップ❸ 社会貢献をする

順番を守って、時間をかけて、ていねいにステップを踏んでいけば、私の経験上、9割が立ち直ることができます。年齢が違っても、つまり13歳でも15歳でも18歳でも基本的には同じです。

まずは相談機関に相談を

不登校になって最初の1週間から1か月は見守っていてもいいでしょう。自然に学校に戻っていくケースも多くあります。

ただし、そのほとんどは規則正しい生活が保たれている場合です。

不登校になって、部屋にひきこもり始めると、1週間で生活リズムが乱れ始め、1か月であっという間に完全に昼夜逆転になることが多いです。

親と話さない、風呂に入らない、部屋のカーテンは閉めっぱなし、場合によっては、親が入れないようにバリケードを作る、部屋はゴミだらけ、という状態になります。


前述したとおり、内閣府は6か月以上といっていますが、1か月でもこの状態なら、ひきこもりと私は判断しています。


とにかく、初動が肝心です。

なるべく早く両親そろって相談機関に出向いて、第三者を介入させることです。

相談機関と両親、家族が連携して、3つのステップで立ち直らせます。

このとき、相談機関と同居する家族の全員が同じ方針で当たることが大事です。

祖父母などが同居している場合、両親で話し合って方針が確認できても、祖父母が甘やかして台無しになってしまうことがあります。そうならないように、よく話し合っておきます。

相談機関を見極める

不登校やひきこもりの相談に乗っている機関はたくさんありますが、絶対に相談してはいけないのが、暴力的な行為を働く業者です。自立支援をうたういわゆる「引き出し屋」です。

法外な料金を取って、立ち直らせると称して本人の意思を無視して強引に外に連れ出したり、監禁したりする危険な業者です。裁判沙汰になり敗訴した業者もありました。

こういった業者ではないか、よくよく情報収集をして見定めましょう。厚生労働省のウェブサイトでは、すべての都道府県・指定都市にある「ひきこもり地域支援センター」、全国のひきこもり支援機関の情報を掲載していますから、参考にしてみましょう（高卒支援会も自治体と連携しています）。

自治体の教育委員会が運営する教育支援センター（適応指導教室）に相談すると、中学生の場合は在籍している学校に戻すことを目標に話が進められます。

また、中3の場合は、卒業後は公立の定時制高校や通信制高校に入学することを念頭に復帰をはかっていきます。

高校生の場合も、公立の定時制高校、通信制高校に入学することを勧められがちです。

一方、私立の広域通信制高校やそこと連携するサポート校に相談すると、その通信制高校に入学することを前提に話が進められます。

このように、中立的な立場で相談を受けてくれるところがなかなかないのが現実であり、問題です。できるだけ、どちらの事情にも詳しい相談機関を見つけて相談するのが望ましいです。

保護者会などがあって、同じ悩みを持つ親同士が交流できる場を持っているところはおすすめです。

なお、高卒支援会では毎月保護者会を行っています。

悩みを打ち明けられると楽になる

悩みを話して共有することで、親も「自分だけじゃない」と思えて、前向きになることができます。

立ち直った生徒が発表する様子を見たり、先輩お父さん、お母さんたちの話を聞いたりしていくうちに、自分の子どもが立ち直る道筋が見えてきます。

家庭訪問支援は、斜め上の関係の若者がキーパーソン

不登校・ひきこもりの相談で最初の難関は、子どもをその相談機関に連れていくことです。ひきこもって

いるから相談に来ているのに、「連れてきてください」と言う相談機関もあります。これでは話になりません。

家庭訪問支援は自宅を訪問をして、子どもと徐々に信頼関係を築いて、少しずつ外に出るのを促し、フリースクールやサポート校などの居場所に毎日通えるように導いていく支援です。

家庭訪問支援をしてくれる相談機関は少しずつ増えていますが、まだまだ少ない状態です。

家庭訪問支援は、基本は週1回、同じ曜日の同じ時間に訪問します。保護者の要望によって、週2〜3回にする場合もあります。

家庭訪問支援でキーパーソンになるのが、斜め上の関係の若者です。

専門スタッフが数回訪問した後、子どもの警戒心がなくなってきたら、学生インターンを投入します。

年配の先生や相談員がいくら訪問したところで、子どもは心を閉ざしていますから、そう簡単に信頼関係は築けません。

子どもが心を開くのは、自分と同じか少し上くらいの年代の若者です。

しかも、当会の学生インターンのように、ひきこもっていた経験があると、「ひきこもっていても、こんなふうに立ち直れるんだ」と大きな衝撃を受けます。

初めは子どもの好きなこと、ゲームやマンガ、アニメなど、興味を持っていることについて話したり、一緒にゲームをしたりして、交流します。

私はゲームやアニメなどを知らないので、そのような話ができないのですが、高校生や大学生のインターンと一緒にゲームをしたり、アニメの話をしたりすると、数回の訪問で仲良くなることができます。

ステップ❶規則正しい生活を送る

ステップ❶は、次の順番で立ち直りを実行していきます。

学生インターンの訪問（最初はベテランスタッフと二人で訪問、その後一人で訪問）

↓

身なりを整える（お風呂、歯磨き、ヘアカットなど）

↓

外出を促す（週1回でも家から出るようにする）

↓

大人とコミュニケーションをとる（今後の通学先となる居場所の大人と信頼関係を築く）

↓

規則正しい生活（通学を週1回から5回へ増やしていく）

最初の訪問は拒否反応を覚悟する

訪問の前に、両親に十分に聞き取りをして、子どもの成育歴から趣味、家の間取りまで調べます。間取りを調べるのは、子どもが嫌がって脱走することや、万一の危険な場合に備えて避難経路を確認するためです。

聞き取った内容を総合して、その子どもと相性のよさそうなスタッフとインターンを決め、作戦を練ります。

訪問することは両親から子どもに事前に伝えてもらいますが、ケースによっては伝えないで行くこともあります。

最初の訪問は、ベテランのスタッフが行きます。

初回の訪問では、挨拶や趣味の話などが中心です。焦って学校の話や進路の話などをしてはいけません。コミュニケーションを深めることだけにとどめておきます。

最初から口をきいてくれる子どもばかりではありません。

ドアを開けてくれない、トイレに閉じこもる、脱走する、部屋に入れてもずっと布団をかぶったまま、などさまざまなケースがあります。

本人と話せない場合は、部屋のドア越しや布団越しに話しかけたり、手紙を置いていったりします。

訪問が終わった後、特に事前に伝えていない場合は、たいてい子どもが親に怒ったり、暴力をふるったりする拒否反応が見られます。これも織り込み済みです。

そもそも一直線によくなっていくことはありません。

よくなったと思ったら、また悪くなって、その後にまたよくなる、というように、上がったり下がったりしながら、徐々によくなっていきます。一喜一憂しないで、ご両親は冷静に構えていましょう。

C君の例です。

C君は中学受験を経て私立の進学校に入学したものの、中1の3学期から徐々に欠席が増え、中2の4月からは完全に行かなくなりました。部屋にひきこもって、「フォートナイト」というゲームを1日中やっていたそうです。

在籍していた私立中から退学勧告を受け、公立中に転校したものの、1日も行きませんでした。

ご両親が私のところに相談に来たのは中2の11月です。すでにひきこもって8か月が経ち、ステージ③でした。

ご両親と話し合い、スタッフとも職員会議をして、11月下旬に初回の家庭訪問支援を行いました。訪問することをご両親から伝えてもらうと、「会いたくない」と言ったものの、大きな抵抗は見られず、そわそわした様子でした。

訪問予定時間の30分前までゲームをしていましたが、スタッフが訪問すると、部屋で布団をかぶって出てきません。少し動いたりする様子から、こちらの話は聞いているようでした。

布団越しにスタッフが自己紹介をしたり雑談をしたりしてこの日は終了しました。

スタッフが帰ると、「勝手に人を呼んで話を進めるな」とご両親に怒鳴り、大荒れでした。

ご両親には拒否反応はよくあることと伝えていたので、冷静に対処してくれました。

C君はこの後、家庭訪問支援を受け続け、最初の訪問から8か月後の中3の7月には当会の教室に初めて登校。その年の冬からは毎日通うようになり、当会の生徒会長を務めたり、インターンをしたりして、大活躍するようになりました。

一方、この拒否反応を恐れて、踏み出せないと、ひきこもりが長期化してしまいます。

「見守りましょう」の怖さ

D君は高1の1学期から不登校になって、ご両親が当会に相談に来ました。6月から当会に通い始めましたが、すぐに来なくなりました。

そこで、家庭訪問支援をしたほうがいいと私から説明しましたが、ご両親は「うちは見守ります。子どもの意思を尊重したいから」と断りました。

それから6年、22歳になった今も、ひきこもったままです。

寝たいときに寝て、起きたいときだけ起きて、お供えのように3食を食べて、ゲーム三昧です。ご両親は家業をしているので、手伝いなどさせればいいのですが、それもやらせないで、ひきこもりの生活を続けさせています。

不登校・ひきこもりを支援しているさまざまな機関、さまざまな団体がありますが、一定数の人たちが言うのが、「見守りましょう」です。

お察しのとおり、見守るほうが楽なのです。拒否反応もありませんから。

しかし、私に言わせると、それは「放置」で、ひきこもりの長期化を助長していると言わざるを得ません。

「見守る」というのは、宗教に近いものがあります。

ある宗教から別の宗教に改宗するのが難しいように、一度「見守る」派のカウンセリングなどを受けて信じてしまうと、なかなか考えが変わりません。すると、ひきこもりが何年にもわたって長期化してしまうのです。

「見守る」派の機関では、見守っているだけなので、不登校やひきこもりから立ち直らせた実績がありません。ノウハウがないのです。

今から15年くらい前までは、ネット社会ではありませんでしたから、家にひきこもっているのに飽きて、外に出始める子もいました。実際に私も、家にいるのが飽きたから高校を再受験するという子を多く指導してきました。

しかし、iPhoneが登場したのに象徴されるように、15年くらい前からは、ネット、スマホがあって、家にいても楽しく過ごせるようになりました。すると、外に出ようという気にならないのです。

ひきこもりになるリスクを考えて不登校のケアをするのならいいですが、リスクを考えずに「見守っていましょう」というのは危険です。少なくともはっきりとした期限を決めるべきでしょう。

特に自治体の相談機関や学校は「見守りましょう」の傾向があります。ひきこもっているから相談に来ているのに、「子どもが来てくれないと対応できません」と言われることもあります。来られないから相談に来ているのに、まったく解決できないのです。

E君の例です。

E君は中3の修学旅行から帰ってきた日の夜、「明日から学校に行かない」と両親に宣言し、そこから2年もの間、ひきこもっていました。ご両親はショックを受けましたが、「子どもを追い詰めてはいけない」と考え、無理に行きなさいとは言わなかったそうです。

何があったのか話してくれず、担任の先生の訪問を受けて進路相談をしても、「高校には進学しない」と意志は固かったといいます。卒業式も出ないで、先生が卒業証書を持ってきましたが、先生には会わず、卒業証書をビリビリに破いてしまったそうです。

卒業後はアルバイトをしようと考えていましたが、何度面接に行っても採用されず、次第にやる気もなくなり、昼夜逆転のゲーム漬けの生活になりました。

ご両親は不登校になった直後から、あらゆるところへ相談していました。最初は学校のスクールカウンセラーです。

しかし、「本人も一緒に相談に来てください」と登校するのが前提になっていたそうです。ご両親は「登校させたいけど、本人が登校できないから相談しているのに、登校するのが前提になっているのです。いっこうに前に進めませんでした」と振り返ります。

ご両親は自治体にも相談しています。

「自治体の若者サポートステーションに相談しましたが、『本人が来ないと相談できません』と言われました。紹介された民間のフリースクールでアドバイスを受けても、『本人を連れてきてほしい』と言われます。通信制高校サポート校なら対応してくれるのでは、と期待してドアを叩きましたが、通学コースを勧められました。子どもがすぐに外出できる状況じゃないのに通えるわけがありません。外に出られないから助けてほしいのに、どこに相談しても『本人が来ないとダメ』と言われて、有効なアドバイスは一切もらえませんでした」

その後、E君のご両親は私の本を図書館で見つけて、「これしかない！　一筋の光が見えたと思いました」と言い、高卒支援会に相談し始め、そこから立ち直りました。

2年もの間ひきこもっていたのに、私たちの適切な指導を受けて、今ではほぼ毎日当会に通っています。通信制高校に通い、夏にはカナダ短期留学をするほどまでになりました。

このように、国や自治体では不登校やひきこもりに対応できていないのが現状なのです。

私は39年の経験、のべ1万人を立ち直らせてきた実績がありますから、この状況ならこの方法が適切だ、というのがわかります。

もっとも、何か一つの法則があるわけではありません。100人いれば100通りのやり方があるということなのです。

親の年収や住んでいる場所、成育歴など、詳細がわからなければ、こうしたほうがいい、とは言えません。

39年の活動中には、自殺や父親殺しに至ったケースもありました。

そうしたつらい経験をしているからこそ、そうなる前になるべく早く手を打つ必要があると確信しているのです。

ひきこもりから脱するには、ひきこもっていた期間と同じくらいの期間が必要です。

先ほどのC君も完全にひきこもってから8か月経った時点で家庭訪問支援を始めましたが、教室に初めて登校できるまでに、やはり8か月かかっています。

なるべく早く子どもを立ち直らせたいのなら、今すぐ相談して家庭訪問支援を始めることです。

それをしないで「見守りましょう」とずるずるしていると、3年から5年くらい、あっという間に過ぎていきます。

長期化すればするほど、立ち直らせるのに時間がかかりますし、難しくなります。だからこそ、初動が肝心なのです。

高濱先生コラム

私も「見守りましょう」にずっと疑問を感じていました。ひきこもりの子の指導をしていたころ、相談機関とケンカしかけたこともあります。

高い相談料を取っておいて、「見守りましょう」と言う。つまり、何もしないで放っておけ、ということです。

簡単に言うのですが、その責任はとれるのか、ということです。「寄り添うのが大事」

と言うけれど、それは当たり前です。ひきこもりが長期化するリスクをどれだけ考えているのか疑問です。

私がひきこもりの子を外に出すのに成功したケースも、やはり、外部の若いお兄ちゃん、師匠みたいな存在と関わらせたことが要因でした。杉浦先生の家庭訪問支援と同じです。

いきいきした若者が対応してくれれば、大丈夫です。子どもから見ると、動物的な魅力みたいなものに大きく惹《ひ》かれるのです。

子どもは大人を見抜きます。

「この人、仕事として嫌々やってるだけだな」と感じると、その大人の言うことは聞きません。

規則正しい生活と手作りご飯、身なりを整える

お父さんとお母さんは、この時期に進路や勉強のことについて話さないでください。規則正しい生活という一点だけ、気を配ってください。朝早く起きて、3食ご飯を食べることが大事です。栄養が偏らないように、手作りご飯を食べさせてください。

F君は高1でひきこもり状態が6か月続き、ご両親が当会に連絡してきました。家を訪問して、最初に気になったのは、F君がひょろひょろに痩せていたことです。聞くと、毎日夜中にカップラーメンと野菜ジュースの1食しか食べていないというのです。お母さんは、「どうせ私が作っても食べないから、作っていません」と言い、カップラーメンとジュースを大量に買い置きして、食べたいときに食べさせるというのです。体を作る大事な時期なのに、これでは、学校に復帰したくても、通学する体力がつきません。

将来毎日仕事に行くための基本の体力を養う時期です。お母さんにできるだけ手作りの

生活習慣と身なりを整える

ご飯を作るようにお願いしました。
すると、時間はかかりましたが、F君は徐々に体力を取り戻し、サポート校に通えるようになりました。

このほか、お風呂に入る、歯を磨く、ヘアカット（特に男子は髪の毛もひげもボーボーになっていることが多い）、部屋を片付ける、お手伝いをする、そういった基本的な生活習慣と身なりを整えることが、外に出る前の第一歩になります。

学生インターンと信頼関係を築く

ひきこもっている中高生からすると、外部の大人は立派すぎるので、引け目を感じてうまく話すことができません。

けれども、同じ高校生や大学生くらいの、ちょっと年上の、しかも自分と同じように、ひきこもりを経験した人なら、心を開きやすいのです。それが、高濱先生の言う、「心を預けられる誰か」です。

中高生の年代では親の言うことはまず聞きませんから、そういった外部の第三者、学生インターンが必要になるのです。

さきほどのC君の続きです。

2回目の訪問では、やはり布団をかぶったままで、出てきませんでした。

3回目の訪問では、C君の好きなゲームの話をすると、途中で布団から出てきました。

このときは一緒にゲームをしたり、工作をしたりして、コミュニケーションの手段や方法を深めるだけにとどめました。

4回目の訪問を終えると、そこで職員会議を開いて、今後の方針を決めます。C君の場合は再度ご両親と面談を行いました。

ご両親から「家族との会話が増えました」と報告があり、スタッフとも明るく接するように変化していることを確認したため、次回から高校生インターンG君の投入を決めました。

ご両親がC君に伝えると、「また人が増えるのは嫌だ。絶対に会わない」と拒否していたそうです。高校生インターンG君は、エアガン3丁を持って部屋に立てこもっていたひきこもり経験者です。そのG君がインターンをすることで、G君の成長にもなっています。

5回目の訪問で、スタッフがG君を連れていくと、やはり布団をかぶって出てきません。布団越しにしばらくの間話しかけましたが、反応はありません。

「来週も来るから、そのときは話そうね」と声をかけて帰りました。

6回目の訪問の前、C君はお母さんに「オレは話さないからね」と言っていたそうですが、訪問すると、この日は布団をかぶっていませんでした。イヤホンをつけているC君に挨拶すると、しかたなくイヤホンを外して、会釈してくれました。

G君は自己紹介をすると、ゲームやアニメの話をしました。「どんなゲームをしているの」と聞いても返事はしませんが、携帯をいじりながら、ずっと話は聞いています。

そこへお姉ちゃんが帰ってきたので、「お姉ちゃんも一緒にゲームをしようか」とG君がおどけて言うと、そこでようやくC君は顔を伏せながらも笑顔がこぼれました。

そこからはG君が話し続けて、C君は返事をしたり、笑顔を見せたりするようになりました。

7回目の訪問では、G君が自分のひきこもっていた経験をC君に話しました。

「オレもひきこもっていたけど、いつまでこれが続くのか、不安になったことがある。YouTubeでニートの動画を見て、30代になっても続くのか……と絶望したこともあったんだ」

G君はひきこもりは若いころのほうが治しやすいこと、やり直しはいくらでもできることを話して、当会のイベントの様子を見せて、誘いました。

C君は興味を持ったものの、不安そうでした。G君が「大丈夫だよ、オレがいるから」と力強く言うと、C君は安心した様子でした。


この5日後の2月上旬、C君はG君を信頼してきたようで、自分から「ひきこもりの自分に自信がない」、「仮にこのまま1年くらい訪問支援をしてもらっても、ひきこもりから抜け出すことができるのか」と、本音を話すようになりました。

そして自分から「半年以内にひきこもりを脱するのを目標にする」と言い出しました。G君は、「C君を外に出すのをオレの今年の目標にする！　だから、一緒にがんばろう」と決心を伝えました。

こうして、二人でがんばろうという気持ちになっていったのです。


先ほど紹介した修学旅行から帰ってから2年間ひきこもっていたE君のケースも、立ち直ることができた背景にはインターンの存在がありました。

1月に最初の電話相談を受けて、翌週の初回訪問はベテランスタッフが行きました。ご両親は「親に不信感を持っているのに、親が連れてきた人に会ってくれるのだろうか」と心配していたそうです。

初回の訪問は挨拶程度で終わり、スタッフが帰ると、「誰が来ても、オレは変わらないから」とご両親に言ったそうです。しかし、週1回の訪問が続くと、だんだんスタッフの言葉に耳を傾けるようになってきました。3月の10回目の訪問では、E君の好きなエナジードリンクを買いに行こうと、自動販売機までの短い距離ですが、一緒に外出しています。

そこから、ご飯を食べに行こう、トレーディングカードを買いに行こう、と少しずつ距離を延ばしていきました。

3月、9回目の訪問からは、大学生インターンのH君が同行しました。H君も不登校経験者です。H君はE君の好きなゲームの話から話しかけ始めました。E君に大きな拒否反応はなく、その後H君が毎週通うにつれて、どんどん仲良くなってきました。

ご両親も「H君はEにとってアニキ的な存在になっていきました。友人でもあり、先輩でもある関係を構築していただいて、本当にありがたかった」と言います。

毎日通える場所を見つける

心を開ける人がいる場所があれば、そこに通えるようなります。

無理に学校に戻さなくてもいいので、こういった毎日通える場所を見つけることが大事です。フリースクール、サポート校などの居場所です。

C君はその後、部屋から出て、リビングで話ができるようになってきました。

自分から「体を動かしたい」と言い、近所でG君と一緒にランニングをするようになりました。お手伝いとしてお風呂掃除をすると決めて、やるようになりました。

このように前向きになってきたら、今後通う場所に行く提案をします。

G君はランニングしながら、「そろそろ勉強したほうがいいんじゃねえか。オレみたいになるぞ」と提案しました。

G君は中1から不登校で、当会に来て勉強するようになるまで、1年間勉強していなかったので、大変だったという経験を話して、当会に来るように誘いました。

毎日通える場所を見つけることが大事

教室内の動画を見せて、「最初はオレと一緒に登校しよう」と伝えました。

しかしこの直後、3月からコロナによる一斉休校になり、家庭訪問支援も一時ストップしてしまいました。当会では4月からオンライン授業を始めたので、C君に最初はカメラをオフにして参加してもらうことにしました。

コロナ休校が明けて6月になると、いよいよ登校を視野に、家の周り以外の場所に、本格的に外出する練習をしました。家電量販店にウインドーショッピングをしに、G君と一緒に出かけたのです。ひきこもって以来、1年2か月ぶりの外出で、最初に相談を受けてから7か月が経っていました。

7月、スタッフがお迎えに行って、登校の練習をしました。翌週には一人で登校しました。ほかの生徒がいると緊張するというので、放課後に登校してもらい、G君がC君を迎えました。

その後、放課後の個別指導に週1回通うことにして、徐々に回数を増やしました。8月には週1～2回登校できるようになりました。

その後、イベントに参加したのをきっかけに、ほかの生徒とも仲良くなり、冬ごろにはほぼ毎日登校できるようになりました。

規則正しい生活をするには、毎日行かなくてはならない場所を作ることが大事です。

中3の修学旅行後に2年間ひきこもったE君の例の続きです。

E君の中学卒業から1年10か月後の1月に最初の相談を受けて、スタッフによる家庭訪問支援を始め、3月の中旬からは大学生インターンH君が家庭訪問支援をして、徐々に心を開いてきました。

そこで、3月下旬、4者面談を行いました。両親、E君、スタッフの4者です。

その前に、ご両親と私だけで面談を行い、4者面談では、「面倒をみるのは18歳までで、アルバイトもしないでだらだらしているだけなら、出て行ってもらう」とご両親からE君に伝えるように言ってありました。

「本当にそんな厳しいことを言って大丈夫なのか不安でした。でも、厳しい言葉も必要だと思い、意を決して、4者面談でEに告げたのです」

E君は泣き出し、スタッフに「いつまでも家でぬくぬくと寄生虫のように生きていくんだ」と泣きついたといいます。

「でも、スタッフの先生がその場にいてくれたおかげで、Eはなんとか持ちこたえられたのです。ただ、まだまだ新しい道に踏み出せるとは、そのときは思ってもいませんでした」

そこで、スタッフはタイミングを見て、インターンのH君の出身校でもある通信制高校の入学を提案しました。手続き書類の提出まであと10日しかありません。

「絶対に間に合わないし、本人が自分で高校へ行くという決断をするとは思っていませんでした。それなのに、翌週H君が訪問に来たとき、無理強いは一切せず、本人が自分で高校に行くことを決めたのです。本当に奇跡が起こったと思いました。スタッフの先生やH君との信頼関係があったからこそ、できたことでした」と、ご両親は言います。

こうして、E君は2年遅れで通信制高校に入学し、H君のサポートを受けて、家でレポートを作成し、提出できるようになりました。

問題は年に数回あるスクーリングです。これに出席しないと、単位がもらえません。

「本人もスクーリングに行けるかどうか、1か月以上前から緊張していました。スクーリング初日、H君が迎えに来てくれて、一緒にスクーリング会場まで行ってくれました。これで自信がついて、残りの日程も休まずに行けたのです」

スクーリング会場では、H君の紹介で当会のほかの生徒にも会って、当会の雰囲気がわかって少し安心したのか、スクーリング最終日に誘われて初めて登校できました。そこからは高尾山登山、体育祭、スキー合宿など、すべてのイベントに出席するようになりました。

ご両親は「私たちからは何も言いませんが、ありがたいことに、スタッフの先生方がしつこくイベントに誘ってくれるのです。先生に誘われて自分で『行く』と返事をすると、自分で決めたことはやり通す子なので、がんばれたのだと思います」と言います。

こうして、週1回通えるようになってきました。

高2になるタイミングの面談では、「就職するにしても、大学に通うにしても、毎日通うことが大事」とスタッフから話すと、自分で週5日通うと決めました。

自分で決めたので、毎日通うように努力して、週4日は登校できています。

「初めのころは、杉浦先生から、『週5回通えるようになる、カナダ留学も行けるようになる』と言われても、うちの子には無理だろう、夢物語だ、と思っていました。でもそれが本当になりつつあります。2年間ひきこもっていた子が高校に通えて、カナダ留学も行けるなんて、本当に奇跡が起きたと、高卒支援会のすばらしさを実感しました」

とご両親は話しています。その後も引き続き支援を続けています。

人は居場所がなければひきこもるものです。つまり、毎日通うところがなければ、人はひきこもってしまうのです。信頼できる人がいる場所なら、徐々に通う回数を増やしていけば、通えるようになるのです。

最近では通信制高校のネットコースを選択する子が増えています。

しかし、ネットコースでは基本的には家にいるので、外に出ることに慣れることができません。すると、いくら卒業後に大学合格できたり、就職できたりしても、結局通うことができないままになってしまいます。

Iさんの例です。

自治体からの紹介で、ひきこもりだった中3のIさんのケアをすることになりました。高校に進学するにあたって、Iさん親子は、通信制高校のネットコースを選びたいといいます。私はネットコースだと、さらにひきこもりが進行してしまうから、登校するコースのほうを選ぶようにアドバイスしました。

しかし、Iさんの両親は、「学校のほうでも見守ってくれるというので、ネットコースにして、私たちも見守ります」というのです。

それから2年経ちましたが、やはりひきこもったままです。

一方、同じネットコースでひきこもりになっても、きちんと対策すれば、ひきこもりから抜け出せるのです。

大阪府に住んでいたJ君は、進学した高校が家から遠く、バスで約1時間かかったといいます。しかもバスが大きく揺れるので、J君はバス通学が耐えられなくなり、高1の7月から学校に行かなくなってしまいました。

そこで通信制高校のネットコースに転校しました。家でパソコンを使ってリモート授業を受けるだけの毎日です。次第にモチベーションが続かなくなって、外出もできなくなってしまったといいます。翌年の2月まで8か月の間、ひきこもっていたといいます。

ご両親から相談を受けて、私は当会の寮で生活をしながら、サポート校として当会に通うことをお勧めしました。大阪から東京への転居に不安もあったかもしれませんが、J君は当会に通い始めると、どんどん元気を取り戻しました。今では早稲田大学めざして、熱心に勉強しています。

J君は「毎日通う場所があれば、どこでもいいと思います。ぼくには支援会がとても居心地がよかったのです」と話します。

毎日行かなければならない場所を作れば、毎日通う練習になります。将来、仕事をするうえで基本になる大事な力なのです。

第7章

中学生・高校生から20歳くらいまでの対処法

ステップ❷❸

杉浦孝宣

ステップ❷からステップ❸の順序

第6章でステップ❶の手順を紹介しました。

ステップ❶で居場所に毎日通えるようになっても、その後、ステップ❸までやらないと、また行かなくなったり、ひきこもりに戻ってしまったりすることがよくあります。ステップの手順どおりによくなってきたと思っても、揺り戻しがあるのが普通です。

順番どおりにやっていけば、いずれよくなりますから、心配しないでください。

よくなったり、また戻ってしまったりをくり返しながら、徐々に立ち直っていきます。

ステップ❷ 自律して自信をつける

同世代と交流する（行事やイベントへの参加）

↓

みんなの役に立つ仕事をする（行事やイベントの企画運営、委員会や係、生徒会など）

進路について考える ←（子どもが本当に望む進路を考え、そのための勉強をしていく）

第6章で登場したC君は7月に初めて当会に登校して、8月はまだ週に1～2日の登校でした。そこでジョイポリスに行くイベントに参加してもらいました。

C君は高校生インターンのG君がいないとパニックになってしまいます。読売ランドに行くイベントもありましたが、「G君が来られないなら行かない」と、G君への依存度が高い状態のままです。

当会スタッフが、C君と同じゲーム好きな中学生二人に話を持ち掛けて、三人でゲームの話やeスポーツの話をするように仕向けたりしていました。

10月になると体育祭イベントがありました。

ここで元陸上部のC君は大活躍したのです。足も速いし、ドッジボールも強くて、みんながが驚きました。中学生三人で盛り上がって、すっかり仲良くなったのです。
それからはC君の好きなゲーム「フォートナイト」をオンラインでやるようになって、仲良し三人組になりました。

このように同世代と交流することで、自分に自信がつきます。
C君はひきこもっていたときには、近くに中高生がいることさえ嫌がっていましたが、友だちもできて、自信を持って交流できるようになりました。

すっかり居場所になじんだら、今度はみんなの役に立つ仕事をしてもらいます。係やイベントの企画などです。新聞係でみんなの近況を紙面にまとめて大好評になった子もいます。イベントの企画は、行き先から手配まですべてやってもらいます。ですから、たとえばスキー合宿では宿泊先との交渉などもすべてやります。これらの経験によって責任感がつき、自信もつきます。

C君の場合は、画像編集が得意なので、当会のホームページのバージョンアップを手伝ってもらっていました。

こちらの想像以上に出来がよく、評判になって、知り合いの会社から動画編集を頼まれるようになりました。

そこで、C君は当会の先輩と一緒に動画編集の会社を立ち上げ、副社長に就任しました。さらに、生徒会長にもなって、みんなからの信頼も厚いです。ひきこもっていたころからは考えられないほどの大活躍です。

ここで注意したいのが、やはり規則正しい生活です。

居場所になじんできても、どうしても朝起きられなくて、遅刻が多い子、休みがちになってしまう子はいます。そういう子には、生活改善合宿や寮に入ることを勧めています。

生活改善合宿は、障がい者施設や農園などで規則正しい生活をし、体を動かし、ボランティアをします。自然と触れ合い、さまざまな人と触れ合うことで、ひとまわりもふたまわりも成長して帰ってきます。

アルバイトはおすすめ

それでも不規則な生活習慣が直らない場合は、当会が提携している寮に入って、規則正しい生活をするように促します。自炊もさせて、生活力をつけます。

アルバイトも勧めています。

学校は休んでも自分の損にしかなりませんが、アルバイトは休むと迷惑がかかります。学校は行けないのに、アルバイトになるとちゃんと行く、という子もいます。

生活習慣の立て直しに役立ち、また人の役に立てることで自信がつきます。お金を稼ぐことがどれだけ大変なことか知って、お金の大事さも学べます。

進路について考える

ここまで立ち直ってきたら、進路の選択肢を示してあげます。

不登校やひきこもりが長引くと、「いったんレールから外れたらもう戻れない」と絶望を感じていることが多いですが、いくらでもやり直せます。先輩の具体例を示すと、自分でもできると思えてきます。

現実的には、中卒や高校中退のままで就職するのは難しいです。中卒ではアルバイトでもなかなか採用されません。ですから、当会では高卒の資格を取るように勧めています。

中学生なら、高校受験で一般の全日制高校に合格して、新しい環境に入ると、そこから立ち直る場合も多くあります。

高校生以上なら、高等学校卒業程度認定試験（高卒認定、旧大検）を受ける道と、定時

進路の選択肢はいろいろある

制高校や通信制高校に入学や転校する道があります。

注意したいのは、高卒認定は大学を受験するための出願資格ですので、高卒認定だけでは高卒にならないということです。あくまでも、高卒と同等以上の学力があると認められたにすぎないのです。

高卒認定に合格した後に、大学受験をすることになります。

また、転校するときに注意するのは、高校在籍期間です。

学校教育法により、高校を卒業す

るには3年の在籍期間が必要と決まっています。不登校になってすぐに退学してしまうと、次の学校に転校しても、在籍年数が足りなくなってしまうことがあります。

たとえば、高1で不登校になって、7月末に学校を退学したとします。その後、高1の9月から通信制高校に転校したとします。そのまま高2、高3と通信制高校に通って単位をすべて取得しても、高1の8月の1か月間、どこにも在籍していないので、3年間という期間に満たないため、高3の3月に卒業できなくなってしまいます。

行かないからといってすぐにやめてしまうのではなく、とりあえず在籍しておいて、転校先が決まってから、転校手続きをしましょう。

高卒後の就職では公務員がおすすめです。

高卒公務員のほうが、大卒公務員より倍率が低く、就職しやすい現状があります。自衛隊なら、入隊後に給料をもらいながら、さまざまな専門的な資格を取ることができます。転職にも有利です。

ステップ❸ 社会貢献をする

ステップ❸は、支援される側から支援する側になることです。当会では、インターンをしてもらっています。

C君を家庭訪問支援したG君も、実は中1からひきこもっていた経験がありました。エアガン3丁を持って部屋にひきこもり、部屋に入ろうとするお母さんに向かってエアガンを撃っていました。半年間1歩も家から出ず、重度のひきこもりだったのです。

それが、C君のために力を発揮して、外に出すことに成功し、C君の両親からも絶大な信頼を得ます。

そして、今度はC君も家庭訪問支援に参画して、人のためになることで、自信をつけています。

高濱先生コラム

杉浦先生の ステップ❷❸ の役割の与え方がすばらしいです。役割は人を成長させるのです。

なかでも、アルバイトは、子どもから見てお金というリアルな対価をもらって、「役に立った」ことを実感できる具体的解決の場です。私たちが預かった不登校の高校生などでも、アルバイトは確かな効果がありました。

2年間の不登校だった高1の子が、ハンバーガー店でアルバイトを始めたら、1か月で学校に復帰したこともあります。

第8章

ゲームやスマホとの正しい付き合い方

杉浦孝宣

第8章のサマリー（まとめ）

ゲームとの付き合い方で何に気をつければいいですか？

課金は禁止するようにしましょう。親子で話し合って、その家庭なりのルールを決めるといいですね。親が一方的に決めるのではなくて、親子でよく話し合うのが大切です。

ゲームは絶対に禁止が望ましいのですか？

ゲームを頭ごなしに否定はしません。むしろ、ひきこもりを立ち直らせるときに役に立ってくれることもあります。一緒にプレーすることで仲良くなるきっかけになるのです。eスポーツ部で部活としてプレーすれば、コミュニケーション力を高め、協働して一つの物事をやり遂げる力もつきます。自分の将来のことを考えるようになると、自然とゲーム時間を自分でコントロールするようになりますよ。

課金を許さない

課金は絶対にダメ、親子でルールを決める

私のところに相談に来る子どもの10人に1人は、ゲームで課金をしています。

たいてい10万円、20万円と高額です。もちろん親が支払っているわけですが、甘い対応をしてはいけません。

スマホもゲームも、親子で話し合って、その家庭なりのルールを決めることです。どの家庭にも当てはまる共通のルールはありません。

そうではなくて、それぞれの家庭で実現可能なルールが必ずあるはずです。

親が一方的に決めるのではなく、親子でよく話し合ってください。

それを破ったら、ゲームを取り上げるなど、厳正に対処します。絶対に折れてはいけません。

場合によっては、子どもが暴れたり、暴力をふるったりするでしょう。そうなったら、外部の第三者（相談機関）の出番です。


ひきこもりの相談に来た中学生のK君は、ゲームで課金するのが日常化していました。今後の進路を相談するなかで、K君は「30万円分の課金をさせてくれたら、都立高校受験をする」と親に条件を出したのです。

私は「それをやったら、絶対後が続かなくなりますよ」と止めました。それでも、親はお金を払ってしまったのです。

K君は都立高校には合格できました。

しかし、5月にはまた不登校になってしまいました。それから半年以上経ちますが、ひきこもったままです。

K君のようになってはいけません。しっかり親が制限することです。

それができない状態ならば、第三者を入れて、第三者と約束させます。

親はねだられても、第三者との約束があるからできない、と必ず約束を守ることです。

いい付き合い方を考える

私はなにもゲームを頭ごなしに否定しているわけではありません。

むしろ、ひきこもりの生徒を立ち直らせるときには、大きな役割を果たしてくれます。

家庭訪問支援では、たいてい最初に好きなゲームの話をして、コミュニケーションを深めていきます。

一緒にプレーすると、スタッフやインターンに心を開いていきます。

登校できるようになっても、同世代と仲良くなるのにもゲームが欠かせません。休み時間や放課後に一緒にプレーして、友情を深めていきます。

仲間と協働してやり遂げる

当会には部活としてeスポーツ部があります。

仲間と一緒に作戦を立てたり、仲間と一緒に大会に出たりすることで、コミュニケーション力を高め、協働して一つの物事をやり遂げる力もつきます。

また、居場所に毎日通えるようになって、自分で将来のことを考えるようになると、受験のための勉強や、資格のための勉強など、自分でやるべきことをやるようになってきます。

すると、自分でゲームの時間をコン

トロールするようになるのです。

やたらとゲームやスマホにのめり込むのは、自分の本当にやりたいこと、すべきことが見つかっていないからです。やりたいことを自分で見つけられるように導いてあげれば、自然と自分でコントロールしていきます。

高濱先生コラム

私も指導を始めて20年くらいは「ゲームは絶対させるな」と言って、まわりから非難を浴びてきました。

お父さんたちから「ぼくもゲームをしていたけど大丈夫だった」と言われるのですけど、「それはあくまでも1サンプルでしかないでしょう。ゲーム漬けがひきこもりの原因になりますよ」と一生懸命に言ってきました。

今でも、ゲームを無制限にさせるのはよくないと思っていますが、「ポケモンGO」

など、外を歩き回るゲームとか、人と人がつながるゲームが出てくるなど、ゲームのほうが変わってきましたから、一概に悪いとは言えません。

やはり、親子でルールを決めることが大事だと思っています。

今はゲームよりスマホのほうが、影響が深刻です。

子どもがYouTubeばかり見ている、「画面漬け」なのです。

赤ちゃんのときから、それこそ0歳のときから、タブレットやスマホを触らせて、子守り代わりに見せている。人類初めての出来事で、とても心配です。

目を見てその人の感情を感じる、背中を見ただけで怒っているなとわかる、そういう感性を子どものうちから育てておくことが大事です。

大概の人は人と人の間で生きていくのだから、そういうアナログの経験総量を上げておいたほうがいいです。

友だちと「だよねー」って言いながら、もみあいする。「なんだよーっ」って言いながらケンカしていつのまにか仲直りする。そういう経験総量をしっかり上げておくことが大切です。

ただ、時代は変わります。

夏目漱石がせっかく東京大学を卒業したのに、作家なんかになった。そんなふざけた商売をして、と冷たい目で見られていた作家が、今では立派な職業になっています。

勉強しないで野球ばっかりして、「プロ野球選手なんてなれるわけないだろ」と親に言われてもやめずに続けて、とうとうプロ野球選手になった人もいるわけです。

ゲームがeスポーツになって、現に何億円と稼ぐ人も出てきました。

だから、その道に懸けます、というのも、なくはないと思います。

ただ、それはだいぶハイリスクだということは、「アナログ経験上げる派」としては、言い切っておきたいですね。

第9章

不登校・ひきこもりの子どもの数だけ立ち直る道はある

杉浦孝宣

好きなことを極めよう、不登校は自分に向き合うチャンス

不登校になっても、絶望する必要はありません。いくらでも立ち直る道はあります。きっとあなたのまわりにも、不登校から立ち直った人がいるでしょう。芸能人や著名人でも、元不登校生はたくさんいます。その数だけ立ち直ったストーリーがあるのです。ぜひ、その人に話を聞いてみたり、著名人の不登校だった過去についての記事を読んでみたりしてください。きっと勇気をもらえるはずです。

大事なのは、親がレールを敷くのではなく、子ども自身が能動的に立ち直っていくことです。

それには、子どもが好きなことに打ち込むことを応援してあげてください。それが立ち直るきっかけになることもあります。

家庭訪問支援をしてくれる専門機関に相談しながら、専門家とご両親が一体になって、子どもを後押ししてあげましょう。専門家なら、上手に子どもの好きを引き出してくれるでしょう。

「ポケモンカード」に救われた中1男子

当会のL君が立ち直ったきっかけは、「ポケモンカード」でした。

L君は中学受験を経て第1志望の私立中高一貫校に入学したものの、勉強はおろか、宿題すらもせず、どんどん成績が下がっていきました。

先生やご両親から怒られるだけでなく、仲のいい友だちができずに孤立してしまい、中1の秋から不登校になりました。

お父さんのすすめで高卒支援会に入った後、そこの友だちに誘われて、初めてポケモンカードゲームの5枚入り1パックを180円で買ったといいます。

袋を開けると、「ディアルガ」というキャラクターの特別カードが出ました。収集家のあいだでは5000円で取引されているものです。

L君は「運命を感じた」と言います。

それからは、ポケモンカードに夢中になりました。

当会の職員が毎日放課後に一緒に対戦しました。さらに、その後にトレーディングカード店に寄って、大人に交じってカードゲームをやっていたそうです。

それを続けていたら、コミュニケーション力も上がって、人とうまく付き合えるようになりました。

カナダへ短期留学に行ったときも、現地の人に話しかけてポケモンカードゲームを一緒に楽しんだというほどです。

アルバイトで貯めたお金で夜行バスに乗り、日本各地で行われる全国大会に出場しました。何度も挑戦したところ、全国3位になって、世界大会への出場権を獲得しました。

こうして、L君は自信をつけて、勉強もするようになりました。今は大学進学をめざしています。

好きなことに熱中したことが、立ち直るきっかけになったのです。

お父さんは、「はじめは遊びだと思っていた」そうですが、途中から意識が変わり、全力で応援するようになったといいます。

かといって、金銭的に甘やかしたりはしません。L君が全国大会に行くときも、旅費を出してあげることはなく、自分のアルバイト代で行かせています。

お父さん自身もポケモンカードゲームの練習をして、L君と対戦するそうです。

「息子には全然勝てません」と笑いながら話していました。

安心感があれば子どもは立ち直れる

子ども本人が好きなことならなんでもいいのです。本気でのめり込むまでやれるように、ご両親は全力で応援しましょう。

それが立ち直るきっかけになります。それが進学や将来の仕事につながることもあります。

ただ、ご両親から、進路や学校の話を子どもにしてはいけません。子どもが話してくるまで待ちましょう。

ある意味、不登校は自分に向き合うチャンスともいえます。自分に向き合って、自分の本当に好きなことを追求する。そこから立ち直るヒントが見えてくるはずです。

立ち直った生徒たちを見ると、だいたい親子関係がちゃんと修復できています。親がレールを敷くのではなく、親はあくまでも子どもの人生を応援するだけです。子どもの意思を尊重して、話を聞いてあげてください。

そして、応援してあげてください。そうすれば、親子関係は修復していきます。

そうして培った愛情ある親子関係こそ、本当の幸せではないでしょうか。

本当の幸せは、学歴でもお金でもないのです。

子どもはあっという間に巣立っていきます。ぜひ、子どもとの時間を大切にしてください。不登校で家にいるなら、時間もたくさんありますから、たくさんかわいがってあげてください。子どもの好きなことを一緒にしてあげましょう。

子どもの好きなゲームを一緒にするとか、子どもの好きなアニメを一緒に観るとか、そういうことです。

何か買ってあげるとか、金銭的に甘くすることではありません。

親から愛されている、認められているという安心感が、子どもが自分から立ち直っていく力になります。

さまざまな可能性を秘めている通信制高校

不登校やひきこもりになってしまった子どもたちの進路先として、特に人気なのが、通信制高校です。

毎日学校に通えない子どもでも、家でレポート課題をこなしたり、オンライン授業を受けたりできますから、無理なく高校卒業をめざすことができます（ただ、将来、仕事や進学先へ毎日通うことができるように、サポート校で毎日通う練習をすることを当会は勧めています）。

生徒数も学校数も年々増えています。

令和5年度学校基本調査によると、通信制高校の生徒数は26万4797人です。全日制は約284万人、定時制は約7万人ですから、高校生の12人に1人は通信制に通っていることになります。

通信制の学校数は、全国で288校に上っています。内訳は公立が78校、私立が210校で、特に私立が増えています。

公立では、各自治体が不登校対策として、通信制や定時制を再編してきました。不登校の生徒が通いやすいように工夫されているところが多いです。

午前・午後・夜間の3つの時間帯を設定する3部制、午前と午後の二つの時間帯を設定する2部制、夜間がなく午後の時間だけの昼間部を設置するなど、さまざまなタイプがあります。お住まいの都道府県の通信制・定時制を調べてみるとよいでしょう。

私立高校では、従来の全日制課程に加えて、通信制課程を新たに併置しているところが増えています。

仙台育英学園高等学校（宮城県、1998年設置）

仙台白百合学園高等学校（宮城県、２０１４年設置）
土浦日本大学高等学校（茨城県、２０２１年設置）
開智高等学校（埼玉県、２００６年設置）
目黒日本大学高等学校（東京都、２０００年設置）
山梨英和高等学校（山梨県、２０２３年設置）

などがあります。すでにある学校が、通信制課程を新たに設置する場合は、狭域通信制（所在地を含めた１～２都道府県が通学区域）になっていることが多いです。

近年の通信制の急増の要因になっているのが、私立の広域通信制（所在地を含めた３都道府県以上が通学区域）の独立校（通信制課程のみを設置している学校）が増えたことです。

きっかけは２００３年、当時の小泉内閣が推し進めた「構造改革特別区域法」が施行されたことにより、株式会社による学校設置が可能になったことです。

これにより、多くの株式会社が通信制高校を設置しました。

英語教育を行っていた会社が、英語に特化した通信制高校を設置したり、メディア関係の会社がITを駆使した通信制高校を設置したりしました。企業が学校法人を作って、通信制を設置するケースも多いです。

なかでも、KADOKAWA・ドワンゴが学校法人角川ドワンゴ学園を作り、2016年に新しいタイプのネットの通信制高校として、N高等学校（沖縄県）を開校したのは、大きなインパクトでした。

VRゴーグルを使ってバーチャル入学式をしたり、フィギュアスケート選手の紀平梨花選手がCMに出たりして、イメージを変化させてきました。

人気で生徒数が急増し、2校目となるS高等学校（茨城県）も開校して、両校あわせて2万8千人を超える日本一の生徒数（2024年5月1日現在）になっています。

通信制高校は、数十年前は「働きながら通う学校」というイメージでしたが、近年では「不登校の子が通う学校」というイメージに変わってきました。

ここ数年でさらに、「プロスポーツや芸能活動をしている人が通う学校」「新しい学びの形の学校」という新しいイメージが定着しつつあります。

プロサッカー選手では通信制高校出身の人が多くいます。元日本代表の香川真司選手が通信制高校に在籍していたこともあり、プロサッカー選手をめざす生徒がサッカー留学しながら通信制高校に在籍するケースがよくあります。

また、野球でもクラーク記念国際高等学校（北海道）が、2016年に甲子園に初出場し、2023年も2度目の出場を果たしています。2022年、2023年も春のセンバツ野球に出場して、春夏通算4回出場しています。

甲子園に行きたい球児が強豪の通信制高校を進学先に選ぶケースも出てきています。

こうしたイメージの浸透にあわせ、各通信制高校はさまざまな特色を打ち出しています。

プロスポーツコース
サッカーコース
トリマーコース

eスポーツコース
パティシエコース
留学コース
芸能コース
K-POPコース
アニメコース
などさまざまです。
ただ、コースが設定されていても、国家資格などが必要な職業もありますから、それに向けて勉強するコースというだけで、資格が取れるわけではないということに、注意しましょう。
部活動を盛んに行っているところもあります。
eスポーツ部、フットサル部、ボランティア部、軽音楽部、競技かるた部などさまざまです。

N高では起業部や投資部があり、実際に高校生が学校から資金を提供してもらって、起業したり株式投資したりしています。

クラーク記念国際高校では宇宙探究部があり、東京大学大学院などと提携して、人工衛星を開発して実際に宇宙に打ち上げるプロジェクトが進められています。

当会にもeスポーツ部があります。大会に向けてみんなで練習をしたり、作戦を練ったりします。

こうした活動を通して、コミュニケーション力や協働する力、やり抜く力を身につけることができます。

前に述べたとおり、子どもが好きなことに打ち込むことができれば、なんでもいいのです。さまざまなコース、部活などを見学して、少しでも子どもが好きなこと、興味を持ったことに打ち込める環境にしてあげましょう。

大学合格実績も上昇中の通信制高校

大学合格実績も上昇しています。少し前までは、「通信制高校でも大学に行けるのですか」と聞く人がいましたが、どの通信制高校からでも大学に進学できます。通信制高校だから大学に進学できない、ということは絶対にありません。

国内大はもちろん、海外大に合格している人もいます。

クラーク記念国際高校では、２０２３年度の合格実績で、京都大１名、東工大１名、早稲田大10名、慶應大９名などとなっています（２０２４年３月31日時点）。同校では大学の指定校推薦枠が３１０大学、１４００枠もあるのも特徴です。早稲田大、慶應大をはじめ、上智大、国際基督教大、中央大、法政大などがあります。

N高・S高も東京大１名、京都大３名、東工大３名、早稲田大44名、慶應大37名などのほか、医学部医学科にも合格実績を出しています（２０２４年４月30日時点）。

ただ、クラーク高は１万人、N高・S高は２万８千人の生徒が在籍しているわけですから、全体からみたら難関校合格者は少数です。学校の力というよりは、生徒個人の力量によるものと考えたほうがいいでしょう。

目黒日大と土浦日大の通信制課程なら、日大の全付属校の生徒が受験する「基礎学力到達度テスト」を受験すれば、成績に応じて、日大へ内部進学が可能です。

このように大学付属校の通信制なら、大学進学がぐっと現実的になります。

サポート校の意義

やり直すために通うのは、全日制でも通信制でも定時制でもどれでもいいのですが、毎日通えるようにすることが大事です。

全日制と定時制（なるべく昼間部の定時制にしたほうがよい）は毎日通うことが基本ですからいいのですが、通信制で年に数日しか登校しなくていい、というのでは、毎日通う習慣ができません。第6章で述べたIさんのように、ひきこもりが続くだけになってしまいます。

そこで必要なのが、私立の広域通信制高校と提携しているサポート校です。

大手の広域通信制高校では、ターミナル駅ごとにキャンパスを設置していることもあります。

どちらにしても、そういった毎日通えるキャンパスやサポート校に行くことが大事です。

不登校やひきこもりで生活習慣が乱れていたのに、家にいたまま自分一人で通信制高校の課題をこなす、というのは、至難の業でしょう。

そのために、指導するのがサポート校です。毎日通って、指導を受けながら、課題をこなしていくことができます。

毎日通えば、友だちができたり、係の仕事をしたり、部活動をしたりして、自信をつけることができます。部活動やイベント、行事、合宿など、学校生活が充実するようなサポート校を選ぶといいでしょう。

私が創立した高卒支援会も、サポート校です。家庭訪問支援など不登校・ひきこもりの相談や支援をしながら、広域通信制高校と連携したサポート校にもなっています。同じスタッフ、同じ先生が対応しますから、スムーズになじむことができます。

当会でも、イベントや合宿などさまざまな行事が楽しめます。早稲田大、明治大、法政大などの大学合格実績もあります。

「アルプスの少女ハイジ」のCMでおなじみのトライ式高等学院もサポート校です。名前から通信制の学校だと勘違いしやすいのですが、通信制高校ではなく、ほかの広域通信制高校と連携したサポート校になっています。こちらも難関大の大学合格実績があります。

このように、不登校やひきこもりになっても、いろいろな道があることが見えてきます。ポイントになるのは、子ども自身が好きなことができる通信制高校を選ぶことです。

先ほどご紹介したL君のように、好きなことに熱中できれば、だんだん自信をつけて、立ち直っていけるのです。

第10章

深刻な9060問題も解決へ

杉浦孝宣

立ち直るための3ステップは、中年にも有効

これまで紹介してきたひきこもりから立ち直る3ステップは、中高生から20代前半くらいまでを対象に指導してきました。

ただ、ここにきて、この方法がもっと上の世代でも有効であることがわかってきました。30代や40代のひきこもりの子どもを持つ親から相談があり、何件か指導したところ、ひきこもりが解決できたのです。

詳細はお伝えできないので残念ですが、30代、40代ともに、ひきこもりは男性でした。ご両親は60代と70代です。

私は27歳までしか指導した経験がありませんでしたから、効果があるか保証はできないと伝えました。ただ、私の本を読んで、どうしても相談に乗ってほしいという切羽詰まった願いを受け、相談にのることになりました。

親の声かけが心に届く

いずれのケースも、自室にとじこもり、昼夜逆転し、家族とのコミュニケーションがほとんどとれていない状況でした。

ご両親たちの願いは、

「子どもがアルバイトでもいいので、ごく普通に働いて、自立した社会生活ができるようになってほしい。普通に親子として理解し合い、助け合い、お互いにコミュニケーションがとれる状態になりたい」

ということでした。

私には39年の経験があるので、ひきこもっている人の性格や態度、成育歴なども考慮したうえで、どのくらいのタイミングでどんな行動に出たらよいか、わかります。3つのステップの順番は同じですが、一人一人によって細部の対応は違ってきます。

それでも、基本は同じです。

まずは、規則正しい生活と清潔な生活環境を整えることを目指します。強行に親が部屋に入って部屋を片付けるのではなく、自分でやるように根気強く声をかけます。

「部屋を片付けてゴミを出してね。部屋がゴミ屋敷のようになったら不衛生であなたの健康にも影響が出てしまうよ」

「夜は消灯して寝るようにしようね。夜ふかしを続けるとあなたの体調が悪くなるのではないかと心配だよ。それに、朝から活動できると気持ちがいいよ」

「食事はお父さんお母さんと一緒に食べよう。あなたと一緒にご飯を食べられると、お父さんもお母さんもうれしいのよ」

「お風呂に入ったり、シャワーを浴びたりして、清潔にしようね。さっぱりして気持ちいいよ」

などと部屋の外からていねいに声をかけます。メモを書いて食卓のテーブルや冷蔵庫、部屋の前など、子どもの目のつくところに置いたり貼ったりするといいでしょう。

あとで立ち直った子どもたちに話を聞くと、「あのころ、家族全員が自分を見捨てていたので、人生をあきらめていた」と言う子が多いのです。

親から声をかけてもらうことは、心に届きます。すぐに変化が現れるわけではありませんが、根気強く声をかけ続けることが大事です。

両親不在の時間をつくり、部屋を自由に片付けられるようにする

子どもが部屋を自由に片付ける時間を与えることも大事です。

お父さんとお母さんが出かけて1日か半日くらい家をあけることを、子どもにわかるようにメモや声かけをして伝えます。

なぜ親が不在の時間が必要かというと、ひきこもりの場合、親が起きている時間にトイレに行くのをためらうため、ペットボトルに尿をためていることがあるからです。

それを親に知られずに自分で処分するには、親が不在の時間が必要なのです。こうした細かいアドバイスも39年の経験があるからわかることなのです。

出てくるきっかけは、本人の好きなこと

ただ、声かけするだけでは、なかなかできません。ポイントになるのは、本人の好きなことやこだわっていることです。

たとえば、マンガ好きなら、新しい欲しいマンガがあるはずです。ゲーム好きなら新しいゲーム機や新しいソフトなど欲しいものがあるはずです。そういったものを買いに行くことが、部屋を出るきっかけになります。

「部屋のゴミを出して片付けができたら、あなたが欲しかった△△を一緒に買いに行こう」

「部屋が片付いたら、あなたが欲しい△△を買うお金をあげます」

と、約束しましょう。

そのかわり、部屋の片付けなどができなかったら、あげません。要求されても断りましょう。約束はきちんと守ることです。

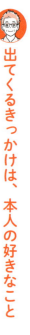

また、ひきこもりになっていると、男性の場合たいていは髪とひげが伸びっぱなしです。アルバイトや就職をするためには、散髪に行き、新しい服を買うことも必要です。そのための資金も必要でしょう。

「お父さんお母さんは、あなたがアルバイトや就職をして、自立してほしいと思っているよ。いずれお父さんお母さんは先に死んでしまうから、あなたがきちんと生活していけるような基盤を作ってほしいと思っています。就職するには面接もあるだろうから、そのために散髪代や服代もあげます。就職活動費として、これから毎月××円あげます。ただ、部屋を片付けること、就職にむけて昼夜逆転を直して規則正しい生活をするようにしてください。それがちゃんとできない場合は、お金をあげられません」

というように、約束しましょう。

そして、ゴミ出しや部屋の片付けなどがちゃんとできたら、ほめてあげましょう。大人であっても、精神的にはまだ子どもなのです。少し大げさにほめるくらいがいいでしょう。

それが本人にとって大きな自信になり、外に出てみようという気持ちになっていきます。

1か月で中年男性に変化が出る

こういったアドバイスをきちんと実行したご家庭は、1か月くらいすると、変化が出てきます。

親の声かけに返事をしたり、掃除を始めたり、一緒にご飯を食べるようになったりします。

あるご両親は、「1か月で子どもが大きなゴミ袋10袋も出して、部屋を片付けました。『よくがんばったから、ごほうびにお寿司を食べよう』といったら、数年ぶりに子どもと一緒に夕食を食べることができました」と、感激していました。

別のご両親は、「3週間でペットボトルや缶のゴミを大量に出して、少しずつ親子で会話するようになりました。2か月で夕飯を一緒に食べるようになりました。先日はこの数年で初めて外食に行き、息子の好きな焼肉を食べて、ビールで乾杯できました」と涙ながらに報告してくれました。

もちろん、一方向に順調によくなっていくわけではありません。反発も必ずあります。それでも、揺り戻しがあるのは当然のこと、と冷静に構えることです。部屋の片付けなど約束を守らなければ、お金をあげないなど、約束をきちんと守ることです。片付けをしないのにお金をあげてしまうなど、譲歩してしまっては、部屋から出てくるチャンスなくしてしまうことになります。

部屋から出て、規則正しい生活ができ、身なりや生活環境を整えて、親子でコミュニケーションがとれるようになったら、ひきこもりが解決したといえると思います。

そこから先の就職に関しては私の専門ではありませんので、ぜひ専門の方たちが協力して、元ひきこもりの就職を支援してほしいと思っています。

国、自治体、各企業などが連携して、中高年の元ひきこもりが就職できるようなシステム作りをする必要があると思います。

この本を読んでいるお父さんお母さんは、まだ子どもが小さいはずです。このような8050問題、9060問題の当事者に自分たちがならないためには、今、行動することが必要なのです。

高濱先生や私の話をヒントにして、まずは第三者に相談しましょう。その一歩が、子どもが変わる一歩につながるのです。

あなたが行動すれば、子どもの不登校は解決でき、ひきこもりが予防できるのです。

高濱正伸（たかはま　まさのぶ）

1959年熊本県人吉市生まれ。県立熊本高校を卒業後、東京大学へ入学。東京大学農学部卒、同大学院農学系研究科修士課程修了。花まる学習会代表。NPO法人子育て応援隊むぎぐみ理事長。算数オリンピック作問委員。日本棋院理事。環太平洋大学客員教授。武蔵野美術大学客員教授。1993年、「この国は自立できない大人を量産している」という問題意識から、「メシが食える大人に育てる」という理念のもと、「作文」「読書」「思考力」「野外体験」を主軸にすえた学習塾「花まる学習会」を設立。1995年には、小学4年生から中学3年生を対象とした進学塾「スクールFC」を設立。

杉浦孝宣（すぎうら　たかのぶ）

1960年生まれ。カリフォルニア州立大学ロングビーチ校卒業。小学3年生のときに保健室登校を経験するが、養護学園に半年間通い不登校を克服した。1985年に中卒浪人生のための学習塾・学力会を設立、以来39年間、不登校、高校中退、ひきこもりの支援活動を行っている。2010年よりNPO法人高卒支援会を立ち上げ、2020年に現場を後進へ譲る。その後、「一般社団法人　不登校・引きこもり予防協会」を設立し活躍中。著書に『不登校・ひきこもりの9割は治せる』『不登校・ひきこもり急増』（以上、光文社新書）などがある。

もう悩まない！
不登校・ひきこもりの9割は解決できる

2024年9月25日　初版第1刷発行

著　者　高濱正伸・杉浦孝宣
発行者　淺井　亨
発行所　株式会社 実務教育出版
〒163-8671　東京都新宿区新宿1-1-12
電話　03-3355-1812（編集）　03-3355-1951（販売）
振替　00160-0-78270

印刷／壮光舎印刷　　製本／東京美術紙工

ISBN978-4-7889-0931-1　C0037